JN016412

入門ゼミナール

初めて学ぶアカデミック・スキル

大江　一平
黒崎　岳大
田中　彰吾
［編著］

学 文 社

執 筆 者

＊大江　一平　東海大学法学部教授（第 6, 7, 10 回）
＊黒崎　岳大　東海大学観光学部准教授（第 12, 13, 14 回）
＊田中　彰吾　東海大学文化社会学部教授（第 1, 8 回）

　村松　香織　東海大学教育開発研究センター准教授（第 2 回）
　池谷美衣子　東海大学スチューデントアチーブメントセンター准教授（第 3 回，第 9 回）
　中村　隆志　東海大学政治経済学部講師（第 11 回）
　日比　慶久　東海大学教養学部講師（第 4 回）
　長田　和也　東海大学理系教育センター講師（第 5 回）

（＊は編者，順不同）

はしがき

　近年，レポートの作成やプレゼンテーションの方法など，入学した学部・学科を問わず，大学での学びを進める上で必要とされるアカデミック・スキルを学ぶことの重要性が繰り返し指摘されています。東海大学でも，2022年度から，こうしたアカデミック・スキルの修得を目標とした初年次科目「入門ゼミナールA」が導入されました。本書は，「入門ゼミナールA」担当教員向けに作成された学内用ガイドブックを書籍化したものです。

　第1部では，青年期のアイデンティティ形成と大学での学びの重要性（第1回），コーネル・メソッドに基づくノートテイク（第2回），図書館および各種データベースの利用方法（第3回），事実と意見の区別，点検読書と分析読書といった学術論文の読解（第4回），各種グラフに示されるデータの解釈と整理（第5回），問題設定，文章作成，盗用・剽窃の禁止，出典記載といったレポートの作成方法（第6回，第7回）について学びます。

　第2部では，個人的な問題関心を普遍的なものに高めていく学術的な問いの立て方（第8回），学術用語の理解，先行研究の調査，統計，時事問題といった学術的な情報の収集方法（第9回），先入観・思い込みの克服，不適切なグラフの見抜き方，批判的・論理的思考と批判的読解（第10回），情報を整理して図式化するマインドマップ（第11回），コメント力・質問力を身に着けるリアクションペーパー（第12回），これまで学んできたアカデミック・スキルの集大成としてのプレゼンテーション・ディスカッションの方法（第13回，第14回）について学びます。

　本ガイドブックでは，自校史など，一部東海大学を念頭に置いた項目もありますが，レポートの作成やプレゼンテーションの方法をはじめ，所属大学を問わず，文系・理系・総合系のいずれの学部学科でも共通して初年次教育に必要とされるアカデミック・スキルを取り扱っています。また，本文中の解説に加えて，欄外部分に担当教員向けの指示・解説を記載することで授業の便宜を図り，各回の最後に演習課題を設けています。本ガイドブックを適宜ご活用いただければ著者一同大変幸いに存じます。

編者　大江　一平

目　次

第1部　大学での学び・基本

第2部　大学での学び・応用

第 1 部
―――――――― 大学での学び・基本 ――――――――

◆内　　容◆

第 1 回

大学での学び

概要

1) 大学での学び：アカデミック・スキルについて
2) 自校史を知る：東海大学の歴史的源流
3) なぜ大学で学ぶのか：青年期のアイデンティティと大学での学び
4) 大学での学びの全体像をイメージする
5) 演習

▶ 初回授業ですので，ガイダンスとして「入門ゼミナール」という科目の位置づけについて紹介し，大学と高校の違い，アカデミック・スキル，東海大学について学生に説明してください。また，演習を通じて，大学で学ぶ動機を学生たちに確認するよう働きかけてください。

1) 大学での学び：アカデミック・スキルについて

教員向け補足

　皆さんは大学に入学して，さまざまな授業を受講しながら各自の学びを進めているところですが，高校までの学びとはずいぶん異なる印象をもっているかもしれません。それは理由のないことではありません。高校までの学校と，大学とは大きく異なります。よく指摘されることですが，学校で教わる内容には国が定めた学習指導要領があり，いわば最初から決まった「正解」が記された教科書に基づいて授業が進められます。しかし，大学にはそうした学習指導要領に沿った共通内容の授業はありません。なぜでしょうか。

　それは，大学が「知」それ自体を創造する場所だからです。大学では「正解」のある既存の知識を教えることもありますが，それは大学にとっては二次的なことです。もっと重要な大学の役割は，現代社会に生じているさまざまな問題を発見し，それらの問題について多角的に研究し，問題を解決する方法を見出して，それを人びとに効果的に伝えていくことにあります。皆さんが大学で期待されているのも，このような**問題発見と解決**の過程に参加することなのです。

　高校まで皆さんは「生徒」と呼ばれていましたが，大学では「学生」と呼ばれます。「生徒」はどちらかというと先生から教わることに重きがある存在ですが，「学生」は自ら能動的に学ぶ者を指す言葉です。「学生」は，自ら「学び」，それによって「生きる」ような人のことをいいます。いまだ正解のない知の世界を探索する「学生」になるには，それ相応のスキルが必要です。大学での学びを進める上で必要とされるスキルを「**アカデミック・スキ**

近年はアクティブ・ラーニングを通じて「正解」のない学びを高校までに体験している学生も多いと思います。学生たちの経験を教室で確認してみてください。

この図とはやや異なるサイクルを念頭に置いている教員もいると思います。図を授業で提示する際は各自で工夫してください。

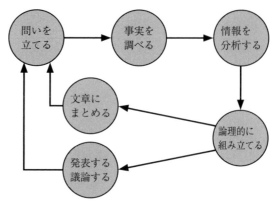

アカデミック・スキルのサイクル

ル」といいます。

　スキルとは，一定の訓練を経て獲得される技能のことをいいます。皆さんが大学での学びを進める上で必要になるアカデミック・スキルは，次のようなものです。

- 現代社会においてそもそも何が問題であるのかを知り，問いを立てる能力
- 問いをふまえて現実について調べ，情報を収集する能力
- 調べて集めた情報を批判的に吟味し，適切に分析する能力
- 分析した情報を一貫した論理のもとで組み立てる能力
- 問題についての自らの見解を学術的な文章としてとりまとめる能力
- プレゼンテーションによって自らの見解を効果的に人びとに伝達する能力

「入門ゼミナール」では，個人やグループでの演習を通じて，これらのアカデミック・スキルを体系的に身につけていきます。

　前半部分の「大学での学び・基本」では，レポートを書くスキルを身につけることを全体の目標とします。大学で学ぶことの意義を明確にすることから始め，授業でのノートの取り方，図書館の利用法，テキストの読み方，データの活用方法，レポートと剽窃・盗用をめぐる考え方などを順番に学んでいきます。

2)　自校史を知る：東海大学の歴史的源流

　それぞれの大学には歴史があります。とくに私立大学の場合は，設立された経緯の中に，国立大学にはみられない独自の「建学の精神」がみられます。

　東海大学は，1936年に**松前重義**が設立した私塾である「望星学塾」を起源としています。松前重義は，当時の逓信省（現在の総務省・NTTなど）に技官として入省し，後に逓信院の総裁になった人物です。1943年，静岡県の清水に，東海大学の前身である「航空科学専門学校」が開設されました。第二次大戦後の1946年には「東海大学」が認可されています。当時の文部省に提出された大学認可申請書には，「人文科学と自然科学の融合による確固たる歴史観，国家観，世界観を把握せしめる」とあります。東海大学は「**文理融合**」を教育理念のひとつに掲げていますが，この歴史的起源をここにみることができます。

　松前重義は，技術者として当時の新しい通信技術の開発に従事する中で「人生をいかに生きるべきか」について思い悩み，キリスト教思想家である内村鑑三の教えに出会い，深く感銘を受けました。また，内村との出会いを通じて，教育によって国家再興を果たしたデンマークの教育制度を知ることになります。とくに，19世紀後半のデンマークでN・グルントヴィが提唱した国民高等学校（フォルケホイスコーレ）のあり方に教育の理想を見出しました。国民高等学校は，教師と学生が生活を共にし，自由かつ活発に国家・社会・人生を語り合う教育の場でした。この歴史的背景は，現在の本学での**シティズンシップ教育**にも反映されています。

　自らデンマークを訪問してその教育制度を視察した松前重義は，国づくりの基本を教育に見出し，教育を基盤とする戦後の平和国家日本を建設することを決意したといわれています。帰国した後，電気学会から受けた浅野奨学金を基金として教育事業を開始し，1936年には東京の武蔵野に「望星学塾」を開設しました。この塾は，デンマークの国民高等学校を模範として，学生との対話を重視し，身体を鍛え，生きがいを与える教育を目指すものでした。望星学塾には次の四つの言葉が掲げられていますが，これは東海大学の「建学の精神」を現在まで受け継ぐ標語になっています。

　　若き日に汝の思想を培え
　　若き日に汝の体躯を養え
　　若き日に汝の智能を磨け
　　若き日に汝の希望を星につなげ

　本学に入学された皆さんも，このゼミナールを通じて，自らの知性・心・身体を鍛え，希望をもって学び続けてください。

3) なぜ大学で学ぶのか：青年期のアイデンティティと大学での学び

　皆さんが大学に入学した理由は各自さまざまでしょう。将来つきたい職業

があって，その基礎となる専門知識を学ぶために入学した人もいるでしょう
し，周りが進学するからなんとなく自分も大学に行きたいと考えて入学した
人もいるでしょう。前者は大学で学ぶ動機がもっとも明瞭な学生，後者は動
機がもっとも不明瞭な学生ということになりますが，皆さんの多くはそのど
ちらともいえない，いってみれば曖昧で中間的な動機で大学に入学したので
はないかと思います。

　そのような皆さんが，大学で学ぶ動機を今より明確にするのは大切なこと
です。かつて，E・H・エリクソンという心理学者が，青年期の発達課題と
して「アイデンティティ」を確立することの重要性を説きました。青年期は
10代前半〜20代前半の時期を指し，一般的な大学生の多くは青年期後期に
該当します。青年期は子どもから大人への移行期であり，肉体的にはほぼ大
人に近づいているものの精神的には未成熟な点が多く，心理的にも社会的に
も不安定になりやすい時期です。皆さんも，日々の人間関係や自分自身のあ
り方をめぐって，さまざまな葛藤や劣等感や不安を感じたことがあるでしょ
う。

青年期の対応年齢について
は，必ずしも明確な定義はあ
りません。

　アイデンティティとは，大人への移行期にあって青年が獲得していく「他
ならぬ自分」の姿です。皆さんの多くにとって，社会の中で1人の大人とし
て活躍している自分の姿を明確に思い描くことはなかなか難しいのではない
でしょうか。親の生き方や友人の生き方，あるいは子ども時代の自分がどう
であったかにかかわらず，自分自身の今後の生き方の指針を固めることで，
アイデンティティは確立していきます。自らのアイデンティティを見出して
いく上で，職業と配偶者を選択することが重要な要因だとしばしばいわれて
きました。配偶者はさておき，ここでは職業の選択について考えてみましょ
う。

　大学にはさまざまな専門分野があり，また個別分野の知識に詳しい専門家
が数多く存在します。東海大学のように大規模な総合大学では，皆さんに学
ぶ意欲さえあれば，ほとんどあらゆる既存の専門分野について知識を得るこ
とができます。ですが，皆さんに必要なのは，そうした専門的知識を自らの
生き方に関連づけて習得していくことです。極端な例ですが，将来法律家に
なりたい人が航空機操縦に関する技術的知識を学んでもあまり意味はないで
しょう。自分が将来なりたい姿，つきたい職業を明確にしながら，それと並
行して自学科で専門的知識を学び，両者が少しずつ自分の中で関連づけられ
ていく過程に意味があるのです。

4) 大学での学びの全体像をイメージする

　東海大学には 23 の学部があり，60 以上の学科があります。皆さんが入学したそれぞれの学科には，その分野の専門知識を習得するための四年間のプログラムが「**カリキュラム**」として定められています。入学時のガイダンスで皆さんは学科のカリキュラムについて一通りの説明を受けたことと思いますが，さらに主体的に学びを進めるため，もういちど自学科のカリキュラムを確認してみましょう。

　カリキュラムは全体で 124 単位から構成されており，五つの区分（区分Ⅰ〜Ⅴ）に分かれます。区分Ⅰは「現代文明論」で，東海大学に入学した学生全員が学ぶオリジナルの必修科目です。区分Ⅱは「現代教養科目」で，「入門ゼミナール」のように大学生として学ぶべき基礎的な教養を身につける科目群になっています。区分Ⅲは「英語科目」です。

　皆さんに改めて確認してほしいのは，区分Ⅳ「主専攻科目」と区分Ⅴ「自己学修科目」です。区分Ⅳの科目は，皆さんが入学した学科で最も重視される科目になります。大学でその分野を専門的に学んだといえるためには，区分Ⅳでとくに「必修」として位置づけられている各種の科目について，きちんと学ぶ必要があります。自学科のカリキュラムではどのような名称の科目が並んでいるでしょうか。

　区分Ⅳに並んだ科目をみて，これからなりたい自分の姿や，将来つきたい職業のイメージと結びつけることができるでしょうか。一年生の段階では，科目名称だけをみてもどのような知識を学ぶのか想像がつかないかもしれません。また，それを学んで何の役に立つのかよくわからないかもしれません。あるいは，自分が将来つきたい職業とは関係なさそうにみえるものの，学んでみたい名称の科目もあるかもしれません。

　時間を取って，カリキュラムに掲載された科目名称を眺め，関心を惹かれる科目について調べてみましょう。また，同じ学科に入学した友人たちと，自学科のカリキュラムについて話し合ってみましょう。大学での学びと将来の自分のイメージとを結びつける最初の一歩になるはずです。

各学科のカリキュラムは東海大学のホームページで確認できます。「主専攻科目」の全科目名称も公開されていますので，該当学科の場合を学生に提示してください。

5) 演習

(1)　5 名前後のグループを作って，お互いに自己紹介をしましょう。その際，東海大学の●●学部■■学科に入学したきっかけについても語ってください。

(2)　グループでの自己紹介を踏まえて，自分がこの大学で学ぶ意義について

時間配分の目安として，授業後半約 50 分を演習に使ってください（細かな配分は各自の判断に委ねますが，演習(2)の作文に 20 分を確保してください）。

演習(1)は学生間の自己紹介が目的ですので配点はありま

せん。

演習 (2) の作文を第 1 回授業
の課題として授業終了時に提
出させてください。

500 字程度の作文を書いてください。他の人と比較しながら，自分の特徴について述べても構いません。作文の中では次のポイントにも言及してください。

- なぜ東海大学に入学したのか
- 将来どのような自分になりたいのか
- 大学生の間に学びたいこと

参考文献

伊藤奈賀子・中島祥子編『アカデミック・スキル入門（新版）』有斐閣，2019 年
佐藤望編『アカデミック・スキルズ：大学生のための知的技法入門（第 3 版）』
　慶應義塾大学出版会，2020 年
松前重義『現代文明論（改訂版）』東海大学出版会，1978 年

第 2 回

ノートを取る

概要

1）大学の授業の特徴
2）何のためにノートを取るのか？
3）具体的なノートの取り方：コーネル・メソッド
4）授業前・授業中にできること
5）演習

▶ 第2回は「ノートを取る」という最も基本的なスキルを扱います。授業内容を単に書き写すのではなく，教員の話を聴いて理解する，理解した内容をノートとして残す，ノートを読み直して授業の理解を深める，という一連の作業の意義を学生たちに伝えてください。

教員向け補足

1）大学の授業の特徴

　第1回で説明した通り，大学での学びの意義は，皆さん自身が現代社会のさまざまな問題について理解を深め，問題解決のための知を生み出す作業に参加することにあります。

　高校までは，その教科を教える免許をもつ教員が授業を担当していますが，大学にはそうした免許はありません。個々の専門分野を深く知る研究者が授業を担当します。授業で扱う内容があらかじめ「教科書」に書かれている分野もありますが，そうでない場合のほうがむしろ多いでしょう。授業のスタイルもさまざまです。スライドを使って要点を提示し解説する授業，キーワードだけを黒板に書いて講義が中心になる授業，グループでの作業や議論を多く取り入れた授業，コンピュータ室や実験室での実習が必要となる授業，屋外でのフィールドワークを取り入れた授業など，さまざまな授業があります。大学では学生に伝達する知識の種類が幅広いですから，それに応じて授業のスタイルも自ずと多様になります。

　ただ，どのような授業であっても，学生には能動的に授業に取り組むことが求められます。能動的に学ぶ上で最初に必要になるのが**ノートを取る**作業です。近年ではパソコンやタブレットを利用してメモを取ったり，スマートフォンを使って写真を撮って済ませる場合も増えていますが，ここでは，能動的に授業に臨む態度を培う目的を兼ねて，講義を聴きながら紙とペンを使ってノートを取る基本的なスキルを身につけてください。

電子端末を利用したノートの取り方を授業で扱うかどうかは各教員の判断に委ねます。学生全員が端末を持参しているわけではないので，その点は考慮してください。

2) 何のためにノートを取るのか

　ノートは何のために取るのでしょうか？　この点を確認するため，以下の①〜⑦について，正しいものに○，間違っているものに×をつけてみてください。

① 板書やパワーポイントは，そのままそっくりに写す。
② 板書やパワーポイントは，重要な内容の順に写す。
③ ノートは講義内容の頭から順番に取る。
④ ノートを取る際，キーワードの重要度の順番に置き，時間の余裕に合わせて重要度の低い情報を入れる。
⑤ ノートは自分が読むものだから，乱雑に書いてもよい。
⑥ ノートはある程度，他人が読んでもわかるように書いたほうがよい。
⑦ 他人のノートを借りることができる場合は，授業に出席する必要はない。

ここでは「授業」と「講義」という用語を使い分けています。口頭での説明が中心になる授業の形式を「講義」，それ以外の演習や実技などの形式を含めて「授業」とします。

　さしあたり⑦が×なのはいうまでもないでしょう。授業に出席しなければ，そもそも大学での学びにあなた自身が参加したことになりません。ノートは，あなたが大学での**学びに能動的に参加した結果**として生み出されるものですから，授業に出席せずにノートを借りたとしても，意味がありません。

　次に①と②を比べてください。授業によって答えが変わる可能性はありますが，大半の授業では①が×で②が○になります。たとえば，数学の授業で方程式の解き方を扱っているような場合，板書を「そのままそっくりに写す」ほうがいいこともあります。後でノートを読み直したときに，省略された箇所が理解できない可能性があるからです。ただ，多くの授業には，伝えられる情報にメリハリがあります。重要度が高い情報と，補足的に伝えられる情報があるのです。この違いを理解するには，ノートを取るだけでなく，まずは**講義をしっかりと聴く**ことが必要になります。教員の話し方に注意を向け，重要度の高い情報を選別しながら講義を聴き，ノートを取るように心がけてください。

　今度は③と④を比べてみます。これも授業によって答えが変わる可能性はあります。資料を何も使わずに口頭での説明だけが続く場合，講義内容の頭から順番にメモを取らざるを得ないでしょう。とはいえ，そのような場合は例外的で，たいていの授業ではパワーポイントが利用されたり，印刷した資料や要点を記したレジュメが配布されたりします。ですので，多くの場合

は ③ が×で ④ が○になります。ですが，授業で伝達される情報の重要度
は，どのように判断すればいいのでしょうか。

　講義をきちんと聴く態度を身につけると，教員の説明が次のような場面か
ら構成されていることが理解できます。

- 講義全体のアウトラインを紹介している
- 主題に入るために予備知識を整理している
- 主題の論点をいくつかに区別している
- ある論点について，主要な学説や考え方を説明している
- 主要な学説や考え方を批判している
- 説明をわかりやすくするために事例や比喩を用いている
- 補足的な情報を紹介している

　講義全体のアウトラインをノートに書き留めておくと，「いま何を話して
いるのか」が理解しやすくなります。その上で，**主題および個別の論点**をキ
ーワードとして書き出し，**説明を短く要約**しながら書く，という順番で進め
ていくと，後で読み直したときにもわかりやすいノートになります。事例や
比喩，補足的な情報については，自分の理解度に合わせてノートに取るかど
うか判断しましょう。

　最後に，⑤ と ⑥ を比べてください。これは人によって考え方が分かれる
でしょう。ノートは，**後で読み直す**ときに真価を発揮します。あまりに乱雑
に書かれているとそもそも読み直すことができませんが，かといって，見た
目がきれいなノートでも，読み直したときに講義の全体像や意義がつかめな
ければ役に立ちません。授業で学習したことを明瞭に思い出せるかどうかを
基準にして，ノートの取り方を工夫してください。

　では，ノートについての基本的な考え方をまとめておきます。

a）授業時に教員が話す内容をしっかり聴き，その場で理解して重要な点を
　　書き留める：まずは講義をきちんと聴いてその内容を理解してくださ
　　い。すべてノートに書き取ろうとするとかえって聴くことが疎かになり
　　ます（聴いても理解できないことは授業後に教員に質問しましょう）。その上で，
　　授業の主題と論点をメモし，それについての教員の説明を自分の言葉や
　　文章でまとめながら書いてください。

b）ノートの完成は授業の後にする：ノートは後で読み直して活用するた
　　めに存在します。講義を聴いて理解することに時間を取ると，教員の説
　　明すべてをノートに取ることはできなくなります。授業の後でも思い出
　　せることや調べられる内容は，授業中に無理に書かないようにして，後
　　で書き込むためのスペースを開けておきましょう。授業後に復習を兼ね
　　てノートを完成させるようにする方が効果的です。

ノートについての基本的な考
え方を 3 つあげましたが，教
員によって考え方は分かれる
かもしれません。考え方の追
加，省略は教員各自の判断で
構いませんが，「b）ノート
の完成は授業の後にする」に
は必ず言及するようにしてく
ださい。現行シラバスでは
「復習」を記載する必要があ
り，この授業の復習は「授業
内容をノートに整理する」で
全回統一してあります。

c）定期試験で役立つノートを作る：大学の授業では教科書を使用しない場合も多いですし，教科書があっても目次の順番通りに進まないことがしばしばあります（それは教員の問題意識に沿って授業が構成されるからです）。一方で，授業で学習したことが定期試験の出題範囲になることは高校までと変わりませんから，大学の定期試験では，ノートがとても大きな役割を果たします。定期試験で役に立つノート作りをひとつの目標にするといいでしょう。

3) 具体的なノートの取り方：コーネル・メソッド

このガイドブックではコーネル・メソッドを推薦しますが，教員各自が身につけている別のメソッドを授業で紹介しても構いません。なお，電子端末を利用したノートの取り方を教える場合も，紙とペンを使う基本的な方法は先に教えてください。

　具体的なノートの取り方にもいろいろな方法がありますが，ここではその一例として「コーネル・メソッド」を紹介します。アメリカの著名な私立大学のひとつであるコーネル大学の W・ポーク教授が開発したので，この名前で呼ばれます。北米の大学では最も多く使用されている方法ですし，後で書き込むことを前提とする方法でもありますから，この授業で皆さんに紹介する意義があるでしょう。

　コーネル・メソッドではノートの紙面を以下のように3つのエリアに分割して使います。

　(1) ノート・エリア：授業中に使用します。板書をそのまま写すのではなく，講義を聴いて理解することを優先してください。その上で，主題および個別の論点を書き，説明を短く要約しながら文章にしましょう。自分にとってわかりやすいものであれば，文章の代わりに図やイラストを使っても構いません。

　(2) キーワード・エリア：授業後に使用します。講義内容を思い出しながら，強調されていた用語，概念，考え方などをキーワードとして記入していきます。十分に理解できていないキーワードは改めて自分で調べてみてください。また，授業をふり返りながら疑問に思ったことも合わせて記入しましょう。疑問点を自分で調べて解消できた場合は，(1) のエリアに書き加えておくとノートがより充実したものになります。

　(3) サマリー・エリア：サマリーとは「まとめ」「要約」のことです。このエリアも授業後に使用します。(1)と(2)の全体を，いくつかの項目で箇条書きにしてまとめます。こ

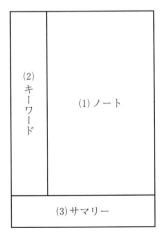

のエリアを読むだけで授業内容を全体的に思い出すことができ，他人に授業のポイントを伝えられるような要約を目指してください。

　授業後にノートを整理する際には，色ペンやマーカーを使用して視覚的にわかりやすくするといいでしょう（ここでは印刷の都合により省略します）。

　なお，次のページにコーネル・メソッドで作ったノートの例を示しておきます。教員自身が NHK の「視点・論点」という 10 分間のニュース解説番組を視聴しながら作成したものです。

4）授業前・授業中にできること

a）授業前：ノートを取る作業は，事前の準備にも大きく左右されます。授業について予備知識がある状態とまったくない状態では，講義を聴いて理解できる度合いが大きく変わるからです。教科書がある授業なら，授業で扱う該当箇所にあらかじめ目を通しておくといいでしょう。「読む」というより「見る」「目を通す」という作業をするだけで，授業の理解はスムーズになります。教科書がない授業では，シラバスを参照すると便利です。シラバスには，授業全体の計画と，毎回の授業で扱うことの概要が示されています。シラバスと合わせて，前回までの授業で作成したノートを読み返しておくと，授業内容の理解が容易になります。

b）授業中：「テーマ」「トピック」「キーワード」を頭の中で整理しながら講義を聴くようにしましょう。テーマは「主題」の意味で，当日の授業で扱うことの全体を指します。授業冒頭で「今日は●●●について扱います」と始まる場合の「●●●」がテーマです。トピックは「話題」の意味で，テーマよりも一段下のレベルでテーマを構成する個別の事柄や論点を指します。たとえば，講義中に「まず■■■について取り上げます」とか「次に■■■をみていきましょう」という教員の発言があれば，「■■■」はたいていトピックにあたります。キーワードは，「鍵になる語」の意味で，当日の講義の中で繰り返し出てくる言葉に当たります。キーワードは 2 回，3 回と繰り返されるうちに，トピックやテーマを理解する手がかりになってくれる言葉です。

5）演習

⑴　約 10 分間の講義を聴きながら，コーネル・メソッドに沿ってノートを作成してください（A4 用紙を使用し，下にサマリー・エリアを約 5cm，左にキーワード・エリアを約 5cm，それぞれ確保してから作業を始めます）。

授業後半 40 〜 50 分を演習に使ってください。配分は各教員の判断に委ねますが，ノート作成の演習に 30 分を確保してください。

⑴は，各自で約 10 分の講義を実施してください。板書や

スライドは使わずに実施します（事前収録した動画や公開されている各種動画教材を使うと便利です）。

(2)の作業には講義よりも長い時間を配分してください（10分の講義で約20分）。(2)の作業終了後に教員が講義内容をふり返り，簡単な要約を行ってください。

学生にノートの写真を撮らせ，第2回授業の課題として提出させてください。

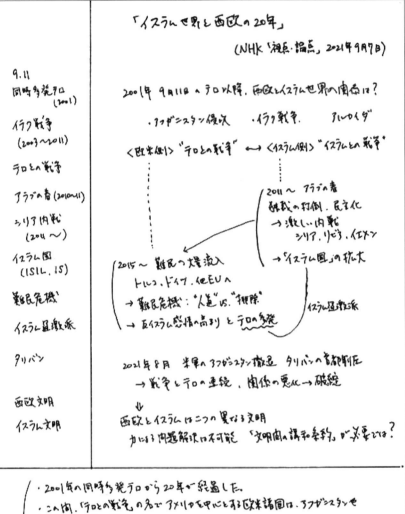

(2) 講義の後で，キーワード・エリアにキーワードを記入してください。意味が十分にわからないキーワードがある場合は，その場で調べ，ノート・エリアに補足してください。終わったら，サマリー・エリアに，講義の要約を箇条書きで記入してください。

参考文献

世界思想社編集部編『大学生 学びのハンドブック（5訂版）』世界思想社，2021年

第 3 回

図書館を使う

概要

1）図書館について
2）図書の貸出と返却，取り寄せ
3）データベースを利用する
4）演習

▶ 東海大学付属図書館の利用法について，図書館が作成した動画を用いて学生に説明してください。また，演習では文献検索の練習として「CiNii」を利用する方法を教えてください。

教員向け補足

1）図書館について

　第1回の授業で強調した通り，大学での学びにおいては，皆さん自身が問題意識をもって，さまざまな事実を調べ，さらに，それに関連する議論や解釈を知り，考察を深めることが重要になります。

　問題意識をもってさまざまな事柄を調べていく上で重要なのが，「関連文献を探す」という作業です。特定のテーマのもとで編集・執筆された書籍・論文・雑誌は，皆さんがある問題について体系的に調べたり考えたりする上できわめて有益です。何かについて調べるときは，検索エンジンを使ってインターネット上の情報を入手する方が多いと思いますが，**体系**だった**情報**を得る上では，書籍や論文を利用するととても有益です。

　書籍，論文，新聞，各種データベースなど，学術的な情報へのアクセスを確保するため，大学には**図書館**が設置されています。東海大学にも付属図書館があります。2023年4月現在，中央図書館は閉館していますが，3つの分館が機能しています。利用方法を案内する動画を視聴しましょう。

▶ T365 の Microsoft Stream で「付属図書館　中央図書館」のページにアクセスします（https://web.microsoftstream.com/user/32c8a5d0-c8de-4e51-89ee-6f76ab82e3d5）

▶ 動画「初めての図書館ガイド〈図書館ホームページの活用・OPAC 検索〉」を視聴しましょう

図書館が作成した利用案内の動画です。約15分ですので，教室で適宜解説を加えながら学生に視聴させてください。とくに，TIME-OPAC を利用して書籍・雑誌・論文を検索する方法は，パソコンとプロジェクターを使って教員が実際に操作する様子をみせると効果的です（学生に一斉にアクセスさせると OPAC の作動が停止する場合がありますので避けてください）。

【動画の主な内容】

- 3つの分館の紹介
- 付属図書館 HP の案内（HP を利用してできること）
- TIME-OPAC を使って書籍・雑誌・論文を検索する方法

＊関連情報①：開架と閉架

　東海大学付属図書館だけでなく，多くの図書館は「開架室」と「閉架室」を併用している。開架室は，書架が公開されており，利用者が直接に図書を探せるエリア，閉架室は，書籍が書庫に保管されており，利用者の申し出に応じて図書館員が書籍を探すエリアになっている。

十進分類法は，必要に応じて下位区分まで学生に教えてください。

＊関連情報②：日本十進分類法

000　総記	100　哲学
200　歴史	300　社会科学
400　自然科学	500　技術，工学
600　産業	700　芸術，美術
800　言語	900　文学

＊関連情報③：J-STAGE

　J-STAGE は，科学技術振興機構（JST）が運営する電子ジャーナルの無料公開システム。各種の学会が発行する学会誌，大学や研究機関が発行する紀要の記事を検索し，PDF 形式で閲覧することができる。

　　https://www.jstage.jst.go.jp/browse/-char/ja/

CiNii は以下の 3）で再度取り上げます。

＊関連情報④：CiNii

　CiNii（サイニィ）は，国立情報学研究所が運営するデータベースで，大学図書館の蔵書，各種の論文・雑誌記事，博士論文などを検索することができる（→末尾の演習を参照）

　　https://ci.nii.ac.jp/books/

2）図書の貸出と返却，取り寄せ

　先の動画では主に図書館ホームページを通じた利用方法が紹介されていました。今度は図書館に足を運んで，本を借りる・借りた本を返す際の実際の手続きについて，動画を視聴しましょう。

▶　T365 の Microsoft Stream で「付属図書館　中央図書館」のページにアクセスします（https://web.microsoftstream.com/user/32c8a5d0-c8de-4e51-89ee-6f76ab82e3d5）

図書館が作成した利用案内の動画です。約 9 分ですので，教室で適宜解説を加えるなどして，学生に視聴させてください。

▶　動画「図書館ガイド〈貸出・返却・更新〉」を視聴しましょう

【動画の主な内容】

- 基本ルール（期間・冊数・貸出できない資料）
- 貸出についての注意事項
- 窓口での期間の更新
- HP からの更新／館内 OPAC からの更新

　また，図書館に所蔵されていない本については，他校舎や他大学から取り寄せることができます。取り寄せの方法についても説明動画がありますので，視聴しましょう。

▶　T365 の Microsoft Stream で「付属図書館　中央図書館」のページにアクセスします（https://web.microsoftstream.com/user/32c8a5d0-c8de-4e51-89ee-6f76ab82e3d5）

図書館が作成した取り寄せ方法の説明動画です。約 10 分です。貸出・返却に比べて重要度は下がりますので，教員各自の判断で必要に応じて授業で利用してください。

▶　動画「図書館ガイド〈図書の取り寄せ〉」を視聴しましょう

＊参考：文献複写の方法

学外の書籍，論文のコピーを取り寄せる方法について，図書館が作成した説明動画です。授業では必要に応じて学生にご案内ください（必須ではありません）。

▶　T365 の Microsoft Stream で「付属図書館　中央図書館」のページにアクセスします（https://web.microsoftstream.com/user/32c8a5d0-c8de-4e51-89ee-6f76ab82e3d5）

▶　動画「図書館ガイド〈文献複写の取寄せ〉」を視聴しましょう

3) データベースを利用する

　関連するデータを決まった形式のもとで整理し，大量に集積したシステムを「データベース」と呼びます。付属図書館に所蔵されている書籍を検索する際に利用する TIME-OPAC もデータベースの一種です。

(1) 付属図書館内のデータベース：付属図書館では，蔵書検索だけでなく，「新聞・ニュース記事」「人文・社会」「法学」「理工学」など，さまざまな分野の記事と論文を検索できるデータベースを利用することができます。ここでは，新聞・ニュース記事のデータベースを利用する説明動画を紹介します。

▶　T365 の Microsoft Stream で「付属図書館　中央図書館」のページにアクセスします（https://web.microsoftstream.com/user/32cd8a5d0-c8de-4e51-89ee-6f76ab82e3d5）

▶　動画「図書館ガイド〈新聞・ニュース記事の検索と閲覧〉」を視聴しましょう

(2) 大学図書館を連結するデータベース：東海大学だけでなく，日本国内の大学図書館の蔵書データベースを統合した「CiNii（サイニィ）」というデータベースもあります。CiNii は国立情報学研究所が運営するデータベースで，大学図書館の蔵書だけでなく，各種の論文・雑誌記事，博士論文も検索することができます。

　　　https://ci.nii.ac.jp/books/

4）演習

　ここでは，CiNii を利用して関連する文献を探す演習を行ってみましょう。「https://ci.nii.ac.jp/books/」にアクセスしてください。第2回の授業でノート作成時に聴いた講義の内容を思い出し，重要なキーワードを入力して図書を検索してください（雑誌を除きます）。講義内容との関連性が高いもの五冊を選択し，リストを作成してください。キーワードの選び方，結果表示の仕方を工夫して（表示件数：20 ～ 200 件や出版年の新旧順など），講義内容との関連性を十分に考えてください。なお，文献の表記方法は以下の順序で記載してください。

【著者名（訳者名）『書名：副題』出版社，発行年】

例）ダグラス・マレー（町田敦夫訳）『西洋の自死：移民・アイデンティティ・イスラム』東洋経済新報社，2018 年

例）臼杵陽『「中東」の世界史：西洋の衝撃から紛争・テロの時代まで』作品社，2018 年

例）リチャード・ウィリアム・サザン（鈴木利章訳）『ヨーロッパとイスラーム世界』筑摩書房（ちくま学芸文庫），2020 年

パソコンとプロジェクターを使って，CiNii の利用方法を学生に簡単に説明してください。

学生が第2回での演習の講義内容を思い出せるよう，教員側で簡潔に前回授業の演習で使用した 10 分の講義内容を振り返って伝達してください。

文献表記の方法は分野によっても異なりますので，この例だけに限定しなくても構いません。

学生が作成した文献リストは，第3回授業の課題として回収してください。

第 4 回

テキストを読む

概要

1）学術的な文章の特徴
2）語彙力を鍛える
3）事実と意見を区別する
4）点検読書と分析読書
5）演習

▶ 第4回はテキストを読むスキルを扱います。最初から「読む」作業に向かうのではなく，学術的な文章の特徴を説明し，語彙力を鍛えること，事実と意見を区別することの意義を読書に先立って学生たちに教えてください。

教員向け補足

1）学術的な文章の特徴

　大学ではさまざまな文章を読む機会があります。それらすべては**学術的な文章**という特徴があります。ひとまとまりの学術的な文章や，それらが一冊になった本，複数の本のまとまりである文献は，まとめて「テキスト」と呼びます（「テクスト」ともいいます）。テキストを構成する個々の学術的な文章は，一定の**根拠**（エビデンスとも呼ばれます）と**論理性**をもって書かれており，それに基づく著者自身の見解や結論をともないます。この点で，物語・日記・感想文・作文などとは異なる特徴をもっているといってよいでしょう。

　学術的な文章にもさまざまな種類のものがあります。ある分野の基礎学力を養うもの（入門的な知識やスキルなど），ある分野の専門知識を提供するもの（特定の業務や資格に必要となる知識など），社会人として必要とされる社会人基礎力を養うもの（公共性・倫理観・マナーなど）など，さまざまな文章があります。学術的な文章を読む際には，それをどんな目的で読むのか，どのような課題と関連づけて読むのか，を念頭に置いて読み進めるようにしてください。

2）語彙力を鍛える

　学術的な文章を読むには，最低限の**語彙力**が必要になります。先に述べた通り，学術的な文章には根拠と論理性という特徴がありますが，それ以前に，「特定の専門分野について扱った文章」という特徴も備えています。論

理的に明晰でわかりやすい文章だとしても，読む側がそこで使われている語彙をまったく知らなければ，内容について理解することはできないでしょう。本・雑誌・新聞などの活字を若者が読まなくなったという「活字離れ」が指摘されるようになって長い時間が経ちます。実際には，パソコンやスマートフォンの画面に表示される文章を「見る」時間はむしろ増えているのかもしれません。しかし，まとまった分量の文章を丁寧に「読む」時間は，若者に限らずすべての世代で短くなっていると思います。

　文章を「見る」のであれ「読む」のであれ，意味を理解するには言葉の意味を知っている必要があります。一般的な国語辞典は6〜8万の項目数を備えており，大型の国語辞典である『広辞苑』には25万語が収録されています。これに対して，一般的な大学生が知っている語彙数は約2万5千〜3万，日本の大学で学ぶ留学生の一般的な語彙数が約1万といわれています。専門家からみれば『広辞苑』でもその分野については項目が全く不十分ですから，普通の大学生や留学生では，学術的な文章を読む上で語彙力が不足しているのはむしろ当然です。

　学術的な文章には，専門用語としてその分野で使用されるものだけでなく，日常会話で使う言葉が独特の意味で用いられることもよくあります。また，同じ言葉が別の専門分野ではかなり異なる意味で使用されることもあります。一例として「ネットワーク」という言葉を取り上げてみます。ネットワークは意味が曖昧な日常語としてもよく使いますが，コンピュータ用語としては，複数のコンピュータを結び，データや情報処理などを共有するシステム，具体的にはLANやインターネットを指します。社会科学分野では，個々の人々の社会的なつながりを指す場合が多いでしょう。マスメディアの世界では，テレビやラジオのキー局を中心とする放送網を指して使うことが多くあります。

このような言葉の例は数多いと思います。例示の仕方は各自で工夫してください。

　語彙をより多く習得するため，知らない言葉に出会ったら必ず**辞書を参照**することを習慣にしてください。紙媒体の辞書を使っても，スマートフォンのアプリケーションを使っても，専門用語のウェブサイトを使っても構いません。ただし，自分が調べている専門用語や特定の単語が，どういう**文脈**で使われているかを必ず確認するようにしてください。先にあげた「ネットワーク」という語は，文脈によってまったく異なる意味をもっていました。文脈を特定せずに単語の意味を知ったとしても，その単語が埋め込まれている元の文章の意味は理解できませんから，元の文章と辞書に書かれてあることを必ず照らし合わせるようにしてください。

授業中にスマートフォンを使用していいかどうか，状況や授業の種類によって判断は分かれると思います。その点についても授業では言及してください。

3）事実と意見を区別する

　学術的な文章には，たいていの場合，著者による独自の**意見**が備わっています。その一方で，そうした主張や結論は唐突に展開されるわけではなく，一定の**事実**を根拠としています。

　事実とは，一般に，実際に起こった出来事や現実に存在する事柄を指しますが，学術的な文脈ではさらに「客観的に検証することが可能な事柄」「複数の人びとからみて真であると認められる事柄」といった意味をもちます。近年では「ファクト」とカタカナで呼ばれることも増えました。事実は他人によって確認できる事柄ですから，事実を述べた文章は，それが正しいか間違っているかを確認することができます。

　他方で，意見とは，誰かが自分の考えを言葉で表現したものです。たとえば，「〜〜は優れている」「〜〜は美しい」といった文章は何らかの対象について**評価**する意見です。「〜〜であろう」「〜〜と思われる」といった文章は何らかの事態を**推測**する意見です。また，「〜〜であるべきだ」「〜〜しなければならない」といった文章は，**当為**と呼ばれ，意見の一種に含まれます。

　大学で学び始めて間もない皆さんにとって，次のような文章はごく普通のものにみえるかもしれません。

　　a）このキャベツは 1 個 100 円で，とても安い値段で売られていました。
　　b）今回の X 市長選挙には 2 人の候補者が立候補した。A 氏は 45,000 票
　　　　を獲得したのに対して B 氏は 40,000 票にとどまり，A 氏が圧勝する
　　　　結果となった。

　気づいたでしょうか。上記 a）b）の文章は，どちらも事実と意見を意図的に混ぜ合わせて書いたものになっています。

　まず a）です。キャベツが 1 個 100 円で売られていたかどうかは他人も確かめられることなので「事実」に属しますが，「とても安い」は書き手の判断に基づく「意見」です。昨日までの値段の推移や，他の店舗での値段を調べてみて，その価格との比較が示されなければ，「とても安い」という「意見」が正しいかどうか，読み手には判断できないでしょう。

　次の b）も同様です。A 氏は B 氏に比べて 5,000 票多く獲得したことは「事実」でしょうが（確かめればわかることです），それをもって「A 氏が圧勝する結果となった」と主張するのは「意見」です。たとえば，X 市の有権者の総数が 100 万人だったとしたらどうでしょう。5,000 票の差は「誤差の範囲」というべきではないでしょうか。さらにいえば，A 氏と B 氏を合わせても 100 万票のうち 8 万 5,000 票しか取れていないのですから，どちらの候補者も X 市の住民の信頼を勝ち得た結果になっているとは言い難いでしょ

事実と意見を区別する作業が実際にはもっと複雑であることは研究者ならよくご存知だろうと思います。ただし，大学に入学したばかりの学生たちにとって両者の区別を強調することは重要ですので，その点を授業では踏まえてください。

これらの例文は各自の判断で適宜差し替えてください。事実と意見の違いについて学生に理解を深めてもらうことが目的になります。

う（ちなみに，数字に基づくこうした意見が妥当かどうか検証する上で統計学が用いられます）。

　学術的な文章を読むに当たって，どこまでが「事実」であり，その事実を基にして主張される「意見」がどこまで正当なものなのか，確認するように心がけてください。

4）点検読書と分析読書

　一口に「テキストを読む」といっても，目的に応じていろいろな読み方があります。ここでは，一定の分量の学術的な文章の読み方として最も基本的な2つの読み方である**点検読書**と**分析読書**のスキルを身につけましょう。

　(1) 点検読書：点検読書は「拾い読み」とも呼ばれますが，短時間でテキストの全体像を把握する読み方です。たとえば，レポートを書くために関連する本を読もうとする場合を考えてみましょう。レポートに関連する本も，図書館で探せば数多く出てきます。そのすべてをじっくりと熟読する時間はあなたにはありません。目の前にある一冊を知るには，**タイトル**と**目次**を確認し，パラパラと**本全体をめくる**，**序文を読む**，著者の意見が集約されていそうな**重要な章**をやや丁寧に眺めてみる，といった作業が必要になります。これにより，その本は何について論じており（主題），主題をどのように分析し（議論の要点），最後に何を主張しているのか（結論），ということを大まかに確認することができるでしょう。この作業を終えて当初の目的に戻ると，熟読する必要があるかどうかも判断できるはずです。

　このように，点検読書とは，テキストの「**主題**」「**要点**」「**結論**」をざっくりと把握しながら短時間で読む方法を指します。細部へと深入りするのではなく，あくまでもテキストの全体像をつかむ作業に徹してください。一定量の文章を読む場合も同様です。文章の**タイトル**を確認して後でざっと全体を眺めて主題を知り，次に**見出し**を順番に確認して議論の展開や要点を把握し，その上で著者が最終的に述べようとしている**意見**を結論としておさえてください。

　(2) 分析読書：分析読書は，点検読書を終えた後で，テキストの細部まで深く読み込んでいく作業です。このような読み方が必要になるのは，大学での学びを進めていく上で，テキストに書かれている内容を十分に**理解**し，それを**解釈**し**評価**することが求められるからです。先に述べた通り，学術的な文章は事実だけでなく書き手の意見を含みます。皆さんが大学で学ぶ知識は，現代社会のさまざまな問題を発見し，それに解決の道筋を与えることに関係するものです。テキストの書き手は，事実に基づくさまざまな根拠を提

示し，一定の論理のもとで自身の意見を展開しています。皆さんはその意見をどのように受け止めるのでしょうか。分析読書は，知識を得るためだけではなく，書き手の意見を理解した上で，それを読み手側の意見と突き合わせ，批判的に吟味したり，読み手自身の意見を洗練させるために行うものです。このような読み方は「**クリティカル・リーディング**」（批判的読書）とも呼ばれます。

　分析読書では，たんに文字を追いながら読むのではなく，次の 3 つの問いを念頭に置いて読んでください。

a）テキスト全体の構造はどうなっているか（構造の理解）：点検読書の段階でつかんだ全体像に間違いがないか確認しながら，テキストの構造をより明確に把握しながら読んでください。

b）事実と意見の関係はどのように構成されているか（内容の解釈）：テキストの著者は，どのような事実を取り上げ，それを根拠として組み立て，どのような意見を展開しているのでしょうか。｜事実―論埋―意見｜の関係を追いながら読んでください。何度も繰り返されるキーワードにも着目するといいでしょう。

c）書き手の意見にはどのような意義があるのか（批評）：学術的な文章は一定の根拠を備えて何らかの主張をしています。大学で学び始めたばかりの皆さんにとって，取るに足りない意見はむしろ少ないでしょうから，まずは書き手の意見の中に意義のある主張を探してください。意見だけでなく，テキストを通じて新たな事実を知ることにも意義があります。これらを踏まえた上で，書き手の意見に対して違和感をもつ点が見つかれば，自分の意見が著者とどう違うのかを明確にしながらテキストを読んでください。

　分析読書をする際，重要な箇所やキーワードにペンやマーカーで線を引きながら読むことも助けになりますが，いちど線を引いてしまうと次に読み直すときに「ここがポイントだ」と先入観をもって読むことになりがちです。一度目に読む時よりも，二度目以降に読み直す段階で線を引くことをお勧めします。

5）演習

（1）分析読書の練習：分析読書の練習として，講師から提示された 3,000 字程度の文章を読み込んでください（分析読書に取り掛かる前に「点検読書」を

分析読書の 3 つのポイントは，アドラー＆ドーレン『本を読む本』を参考にしていますが，これ以外の説明の仕方もあると思います。他に良い方法がある場合は，各自で読み方のスキルを学生たちに教示してください。

時間配分の目安として，授業後半約 50 分を演習に使ってください。新聞，雑誌，ネットなどから 3,000 字程度の記事を演習用に準備してください。また，「文章の要約」と

「コメント」）を合わせて記入
できる報告用紙を各自で作成
してください。

作成した報告用紙は第4回授
業の課題として授業終了時に
提出させてください。

行って文章に目を通してください）。文章全体の構造と内容を理解した上で，
文章の要約を 200 〜 300 字で作成してください。また，文章についての
コメント（自分なりの意見）を 100 〜 200 字で作成してください。

参考文献

M・J・アドラー＆C・V・ドーレン（外山滋比古・槇未知子訳）『本を読む本』
講談社，1997 年

第 5 回

情報を整理する

概要

> 1）調査とデータの重要性
> 2）データの読み方（表，棒グラフ，円グラフ，折れ線グラフ，散布図）
> 3）データを整理する（分類する，比較する，平均値・中央値をみる，相関を検討する）
> 4）演習
>
> ▶ 第5回は数値データを扱います。演習からわかる通り，「既存データから最低限の意味の読み取りができる」ことがこの授業の目標です。それ以上の論点については，学科の特性や教員各自の専門を考慮して扱い方を工夫してください。

1）調査とデータの重要性

　皆さんは第4回の授業で，事実と意見を区別することの重要性を学びました。しかしながら，そもそも私たちは事実をどうやって知るのでしょうか。ひとが自ら経験することは，広大な社会で生じている出来事や存在する事実のごく一部であって，それ以外の事実を知るには何らかの**調査**が必要となります。調査して得られる情報（ここでいう調査には実験や観察も含みます）は一般に「**データ**」と呼ばれます。今回の授業では，調査して得られたデータを整理する基本的な方法，また，すでに整理された既存のデータを読み取る基本的な方法を学びます。

　調査には必ず何らかの目的があります。「ひとまず現状がどうなっているかを把握するため」に調査する場合もありますし，一定の見通し（仮説）を立てた上で「仮説が正しいかどうかを検証するため」に調査する場合もあります。ただし，調査結果に間違いや偽りがあってはいけません。間違った事実から出発すると，正しい意見に辿り着くことができません。正しい意見を主張するために調査結果に偽りを紛れ込ませることは，データの**捏造**であり，研究倫理に反する悪しき行為です。

　また，調査したデータに自分の意見を混ぜてはいけません。たとえば，あなたがA市に関心をもち，「なぜ住民はA市に住もうと思ったのか」ということについて調査したとしましょう。調査しながらあなた自身が，「A市だったらどこに住んでも駅が近いし便利だから，ここに住んでいるんだろうな」と考えたとします。しかし，これはあなたの意見ですから，調査結果に含めてはいけないことは明白でしょう（あなた自身がA市の住民である場合は除

教員向け補足

必要に応じて，第4回の授業で扱った「3）事実と意見を区別する」の内容をふり返ってください。

きますが）。調査報告を書く場合，調査して明らかになったデータと，それに基づく意見（「**考察**」と呼ばれます）は，きちんと区別しなければなりません。すでに学んだ通り，学術的な文章では事実と意見を区別して書くことが基本だからです。

2) データの読み方

　調査した結果は数値データとして得られることが多いのですが，ただ数字を羅列しただけの表では見づらいだけでなく，それをどのように評価すればいいのか，その手がかりを得ることが困難です。そこで，データをわかりやすく把握するために，表だけではなく各種のグラフを作成します。ここでは，表やグラフとして提示されるデータの読み方を確認しましょう。

a）表：**表**は，データを平面上に整理して並べたものです。表5-1は，Aさん〜Eさん5名の試験結果（英語・数学・国語の3科目）を表示したものです。

　表の見方は皆さんご存知の通りです。たとえば，Aさんの英語の点数は67点，Bさんの数学の点数は90点と読みます。つまり，一番上の「**行**」からひとつ，一番左の「**列**」からひとつ情報を選択し，行と列の交わるところを目的のデータとします。

b）棒グラフ：**棒グラフ**は，それぞれの数量データを棒の長さで示したグラフです。図5-1は，ある家庭での1ヵ月の出費を棒グラフにしたものです。

　このグラフによると，家賃に50,000円，食費に40,000円がかかっていることがわかります。棒の長さでデータの大小が表現されるところに特徴があります。

c）円グラフ：**円グラフ**は，項目の比率を円の中心角の大きさで表現したものです。たとえば，図5-1で示した棒グラフを円グラフにすると図5-2のようになります。

　先ほどのグラフでは，家賃が50,000円であることはわかりましたが，

（左傍注）
一般的な表記ルールとして，表の場合には名称は上側，グラフの場合は名称が下側に表記されることも合わせて教えてください。

グラフは教えやすい種類のものに適宜差し替えて構いません。

なお，円グラフは視覚的な誤認を引き起こす傾向もあります（色によって面積を実際より大きめに錯覚してしまうなど）。

表5-1　試験の結果

	A	B	C	D	E
英語	67	72	75	69	80
数学	50	90	92	66	70
国語	79	82	65	72	54

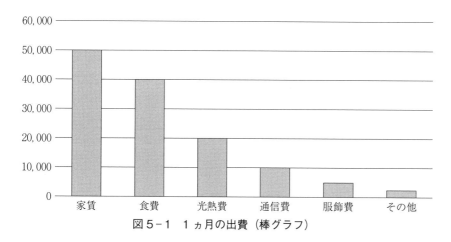

図5-1　1ヵ月の出費（棒グラフ）

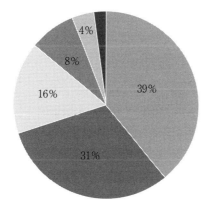

■家賃　■食費　□光熱費　■通信費　□服飾費　■その他

図5-2　1ヵ月の出費（円グラフ）

　出費全体の中で占める比率がどのくらいかはわかりませんでした。この円グラフをみると，家賃が出費全体に占める比率が39％であることがわかります。円グラフではひとつの円を使って全体を表示するため，各項目の比率が視覚的にわかりやすくなります。

d）折れ線グラフ：**折れ線グラフ**は，時系列で変化するデータを表示するのに適したグラフです。たとえば，図5-3は，A市とB町の平均気温が半年の間にどのように変化するかを示したものです。

　このグラフをみると，A市の5月の平均気温は17.9度，B町の9月の平均気温は20.8度だったことがわかります。このように，折れ線グラフでは，縦方向・横方向にそれぞれひとつずつ指標を割り当て，縦方向を「縦軸」，横方向を「横軸」と呼びます。図5-3では縦軸が気温を，横軸が月を示し，2つの自治体の気温変化をそれぞれのグラフとして示しています。

e）散布図：**散布図**は，2つの指標の間に何らかの関係性があるかどうかを

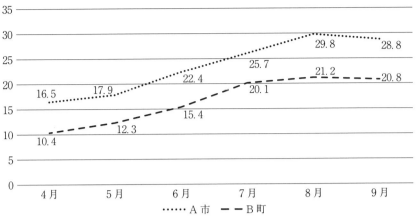

図5-3　A市とB町の4月から9月までの気温変化

次の3）で説明することと合わせて，相関関係がある場合やない場合の散布図の見え方も合わせて教えてください。

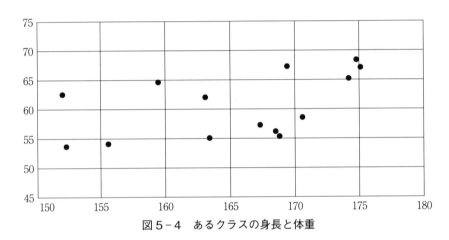

図5-4　あるクラスの身長と体重

みるのに適したグラフです。たとえば，あるクラスの生徒14人について，縦軸に体重（kg）を，横軸に身長（cm）を割り当てて描いた散布図が図5-4になります。

　データが全体にばらついていますから，このグラフから身長と体重のあいだにはっきりした関係性があると判断するのは難しそうです。2つの指標に関係性がある場合は後ほど説明します。

3) データを整理する

　調査したデータをグラフとして表示するだけで多くのことがわかりますが，以下にみるように，いくつかの観点から整理することでさらに有意義な活用ができるようになります。

ａ）分類する：図5-4の散布図を改めて眺めてください。この調査が，もともと，児童の成長と食生活について検討するために行われたものだと

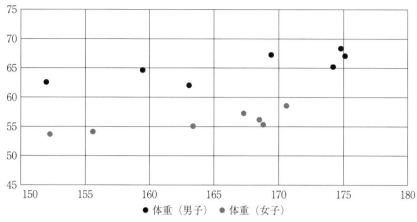

図5-5　あるクラスの身長と体重（男女別）

しましょう。この散布図からはデータが全体にばらついていることしか
わかりません。しかし，「児童」と一口にいっても男性と女性がいます
し，両者の間には体格の差がみられます。このような場合，データを男
性と女性に**分類する**とデータがさらにわかりやすくなるかもしれませ
ん。実際に分類してみると図5-5のようになります。

　どうでしょうか。散布図が少しわかりやすくなりましたね。女子に比
べると男子のほうが上の方にデータが位置しており，体重に違いがある
ことがわかります。データを必要に応じて分類することで，データから
わかることが増えるということを理解してください。

b) 比較する：データを分類するという観点はそのまま，データを**比較す
　る**という観点にもつながります。図5-3の折れ線グラフは，「A市」
　と「B町」という離れた場所にある2つの自治体の気候を比較するもの
　になっています。両者のデータを比較すると，A市のほうが5度～8
　度ぐらい，半年間を通じて平均気温が高く，B町より温暖であることが
　理解できます。

　　ひとつのデータだけが欲しい場合であっても，そのデータだけではデー
　タの意味を十分に理解することができません。他のデータと比較して
　初めて，そのデータが大きいのか小さいのか知ることができるというこ
　とを理解してください。

c) 平均値・中央値をみる：データを比較するときに有益なのが「**平均値**」
　です。平均とは，データの大小・ばらつき・凸凹を均す（ならす）こと
　をいいます。たとえば，あるクラスの生徒の身長の平均値を知りたい場
　合，全員の身長を合計した後，それを人数で割ると平均身長が得られま
　す。クラスの平均身長が160cmであるとき，身長150cmの生徒は平均

と比較して「背が低い」といえるわけです。平均値は，個々の数値をすべて足し合わせた後，数値の個数で割った値のことを指します。

　　ただし，平均値が役に立たない場合もあるので注意しましょう。たとえば，X区の住民の貯蓄額とY市の住民の貯蓄額を比較したいとしましょう。平均値を調べてみたところ，X区住民の貯蓄額は平均1億円，Y市住民の貯蓄額が平均500万円であることがわかりました。この場合，平均値だけをみると，X区住民のほうがずいぶん多く貯蓄していることになりそうです。

　　しかし，X区は住民が1,000人しかいない小さな行政区で，うち10人が100億円という多額の貯蓄をもっているものの，残り990人は貯蓄ゼロだったとしましょう。このような場合でも，平均値を取るとX区の平均貯蓄は1億円になってしまいます。この平均値を用いても，適切な比較ができないことになるでしょう。

　　つまり，平均値には，「極端な数値があった場合，それも考慮に入れてしまう」というデメリットがあります。そのような場合には「中央値」と呼ばれる数値を考慮することが有効になります。たとえば，Z社には9名の社員がいて，給与年額は以下の表の通りだとします。表をざっとみて平均値がどのくらいになるか予想してください。

　　実際に平均値を計算すると「722万2,222円」となり，直感的な予想よりも高くなりますが，これは給与年額が極端に高いJさんの数値が含まれるためです。このような場合，9名の値の中央値であるFさんの「450万円」という数値を平均値に代えて考慮するほうが有効です。

d）相関を検討する：グラフの縦軸と横軸に示された2つの指標があり，これらの指標の間に関係性があるときには「相関がある」，関係性がないときには「相関がない」といいます。また，指標1が増えるとともに指標2が増えるような関係性があるときには「正の相関がある」，指標

表5-2　Z社員の給与

社員	給与年額（万円）
A	350
B	375
D	400
E	425
F	450
G	475
H	500
I	525
J	3,000

1が増えると指標2が減るような関係性があるときには「**負の相関があ
る**」といいます。

　たとえば，気温が高くて暑い一日はアルバイト先の店舗でアイスがよ
く売れることにあなたが気づいたとしましょう。それが本当かどうか調
べるには，気温とアイスの売り上げをともに調べて散布図を描いてみる
必要があります。アルバイト期間中の3週間，毎日午後3時の気温とそ
の日一日のアイスの売り上げの関係を調べたところ，次の図6のような
散布図が得られました。

　このグラフには点線が描かれています。細かい説明は省略しますが，
これは，データを数学的に処理することで，横軸の指標（気温）と縦軸
の指標（売り上げ）が示す関係性を，妥当性のある線で示したものです
（近似曲線と呼びます）。この線をみると，右上に向かってあがっているこ
とがわかりますね。つまり，気温が高くなるほどアイスの売り上げが増
えることがグラフから理解できます。したがって，両者には「**正の相関
がある**」といえます。なお，相関があるかどうかの判断材料となる相関
係数という数値があります。元のデータから相関係数を算出したところ
「0.88」という数値が得られました。一般に相関係数が0.7〜1.0を示
す場合には，強い正の相関があるとされます。ここでの例に沿っていう
と，気温の高さとアイスの売り上げには強い正の相関があるということ
になります。

　ここで注意しておく必要があるのは，相関関係があるからといって，
2つの指標の間に因果関係があるとは限らないということです。相関関
係は，「一方が変化すると他方も変化する関係にある」ことを示すだけ
で，どちらかが原因で他方が変化するとまではいえません。たとえば，
「身長の高さ」と「掛け算の正解率」に強い正の相関がみられたとしま

近似曲線，線形近似，相関係
数の考え方をどこまで踏み込
んで扱うかは，学科の特性も
考慮して各自で判断してくだ
さい。時間が許す範囲で扱っ
ていただければ結構です。

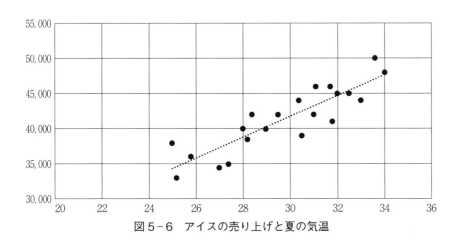

図5-6　アイスの売り上げと夏の気温

しょう。両者に原因と結果の関係がないのは明白です。これは単に，学習済みの大人は掛け算の正解率が高く，未学習の子どもは正解率が低いことを示すだけで，「身長が高いから掛け算ができる」といった因果関係を示すものではありません。相関関係と因果関係を混同しないようにしてください。因果関係は，ある原因があるときに必ずある結果が生じるような関係のことをさします。

4) 演習

(1) <u>データを読む演習</u>：以下の表5-3は，2006年から2018年にかけての，大学生の収入総額とその内訳を示したものです。この表を見て，読み取れることを文章にしてください。箇条書きで3つの短い文章にまとめます。

表5-3　大学生の収入総額とその内訳（2006年～2018年）

	2006年	2010年	2014年	2018年
家庭からの給付	1,496,000	1,228,000	1,194,000	1,197,000
奨学金	300,000	403,000	400,000	360,000
アルバイト	336,000	307,000	322,000	402,000
定職収入・その他	58,000	51,000	56,000	44,000
合計（円）	2,190,000	1,989,000	1,972,000	2,003,000

（データは「日本学生支援機構・学生生活調査結果」による）

参考文献
　三好大悟『Excelデータ分析の全知識』インプレス，2021年

時間配分の目安として，授業後半約40〜50分を演習に使ってください。演習に適しているものであれば表は他のものに差し替えて構いません。

グラフを描く演習を別途行いたい場合，たとえば「グラフどころ」（http://chart-place.azurewebsites.net/）などの無料で利用できるサイトがあります。

このデータの場合，(a)大学生の収入総額は全般的に減少傾向にあること，(b)とくに家庭からの給付が減少したこと，(c)アルバイトが増加傾向にあること，などが着眼点になります。なお，事実と意見は区別して考えるべきですが，ここでは表を参考にして，学生自身が「意見」を組み立てられることを尊重して評価するようにし，読み取り方が大きく間違っていない限りは減点しないようご配慮ください。

第 6 回

レポートを書く ①

概要

1）はじめに
2）レポートの問題設定・資料の収集・読解
3）レポートの文章作成
4）盗用・剽窃の禁止，効果的な引用・参照の方法
5）出典・文献の記載方法
6）演習
7）宿題：レポート作成

▶ 本章では，レポート作成にあたっての問題設定，資料収集，読解・整理，文章の作成方法について解説します。また，演習ではレポートのテーマ・目次，アブストラクトの作成を行います。

教員向け補足

1）はじめに

⑴ 感想文とレポートの違い

　大学の授業で作成するレポートは，単に，「面白かった」「感動した」といった自分の感想を述べる「感想文」ではありません。授業内容を忘れないように単に記録・整理したメモ書きでもありません。皆さんが大学の授業を通じて修得した知識と自ら収集した資料を元にして，論理的に筋道を立てて自らの見解を論じるのが「レポート」です。

⑵ 読み手を意識したレポート

　レポートを作成するのは皆さんがどれくらい授業内容を理解しているのかを確認するためです。また，レポートの読み手は，その課題を出した担当教員です。そのことを意識した上で，章立てをし，誤字・脱字のない，丁寧なレポート作成を心がけましょう。

⑶ レポートの作成方法

　一般的に，レポートの作成は，問題設定，資料の収集・読解，文章作成の3段階に分けられます。資料の収集・読解については第3回（図書館を使う）と第4回（テキストを読む），第5回（情報を整理する）で培ったアカデミック・スキルをすべて活用して，レポートを作成してみましょう。

　大学のレポートとしては，① 教員が設定した課題に沿って作成する場合，② 自分の関心に基づいて自由にテーマを設定し，作成する場合に分けられます。ここでは ① に基づいて授業を行います。「現代社会と○○」というテ

レポート課題の「○○」の部分については，担当教員の専門分野と該当学科の特性に応じて，適宜調整してください。教員が担当する各クラスで共通の課題を設定します。
例：法律学科
「現代社会と法学」
例：健康学科
「現代社会と健康科学」

ーマでレポートを作成してみましょう。

2) レポートの問題設定・資料の収集・読解

(1) ○○とは？

○○の部分は，担当教員の判断で任意のキーワードを挿入してください。ここでは，一例として法学を挙げています。

　たとえば，「現代社会と法学」というテーマで考えてみましょう。そもそも皆さんは法学についてどれくらい知っているでしょうか。さまざまな意見や利害をもつ人びとが共存できるように調整するのが国家の役割であり，そのために，憲法をはじめとした各種の法が存在します。憲法は国家の土台となるルールであり，基本的人権と権力分立制度を規定します。民法は，買い物や家族関係など，日常生活のトラブルを解決します。しかし，こうした基本的な事柄も学生の皆さんにとっては初めて接する知識かもしれません。そのため，まずは「現代社会と○○」の「○○」として与えられたテーマについて，その基本的な知識と語彙の意味をしっかりと調べてください。

(2) 現代社会との関連

多くの学生にとっては，単に「現代社会と○○」という課題を提示されても，「○○」が自分とどのように関連するのか，具体的に想像することは困難です。角度を変えながら具体的な例を示し，考えるてがかりを多く与えるように工夫してください。

　現代社会に生きる皆さんにとって，「法学」にはどのような重要性があるでしょうか。また，皆さんと法学にはどのような接点があるでしょうか。たとえば，私たちが自由に意見交換を行い，民主的な政治を行っていく上で，憲法に規定された「表現の自由」は必要不可欠なものです。あるいは，2022年 4 月から成年年齢が原則として 18 歳に引き下げられることになり，たとえば，下宿やクレジットカードの契約を，保護者の同意なく行えるようになりました。皆さんがアルバイトをする時に，労働法は，労働時間や最低賃金など，使用者との関係で不利な立場に置かれがちな労働者を保護するために大きな役割を果たします。

　このように，さまざまな場面で「法学」は皆さんの生活と密接な関係をもっているのです。現代社会に生きる皆さんと「○○」との具体的な関係を思い浮かべてみましょう。

(3) 具体的に考える

　ここでは，自分の意見や考えを伝達する日本国憲法 21 条の表現の自由について掘り下げて考えてみることにします。表現の自由は非常に強い保障を受けます。なぜならば，表現の自由は個人のコミュニケーション（自己実現）と民主政治（自己統治）に大きな役割を果たすからです。政府にとって都合の悪い表現であるからといって，政府が検閲を行うことは許されません（21条 2 項）。

　しかし，表現の自由の規制が問題となる場合があります。大手新聞・テレビ・雑誌といったマス・メディアの報道は知る権利のために重要なものです

が，名誉・プライバシーを侵害する表現については，裁判所によって出版の差し止めを命じられる場合があります。また，近年，マイノリティの人びとに対する侮辱的，差別的表現行為であるヘイトスピーチ（差別的表現，差別煽動表現）が大きな社会問題となっています。ヘイトスピーチが許されないことは当然のことですが，現行憲法上，特定の個人・団体ではなく，不特定多数に向けられたヘイトスピーチ（いわゆる集団的名誉毀損）についてどこまで法的な規制が可能なのかについては議論があります。

　ここでは「表現の自由」をテーマとしましたが，「○○」というテーマに沿って，皆さんが重要だと思う**具体的な事例**について調べてみましょう。

⑷ 自分が学ぶべきこと

　自己実現と自己統治に大きな役割を果たす表現の自由を政府が恣意的に規制することはあってはなりません。しかし，マス・メディアの報道については，報道する側の表現の自由（報道の自由）と報道される側の名誉権・プライバシー権の調整が求められます。また，きわめて悪質なヘイトスピーチについては，一定の法的規制が可能であるとする有力な見解が専門家によって主張されています。2016 年にはヘイトスピーチ対策法が成立しました。同法には罰則はありませんが，神奈川県の川崎市のように，条例に基づいて独自の規制を行っている自治体もあります。

　以上のように，「現代社会と○○」というテーマに沿って考えた上で，自分なりの意見，自分が果たすべき役割，自分がその問題に貢献できること，などを考えてみましょう。

3）レポートの文章作成

⑴ タイトルと章立て

　まず，レポートのタイトルを確定しましょう。10 字〜 40 字程度が目安です。タイトルには，レポートの最も重要な内容，分析手法，分析対象を入れることを検討してください。本文は，レポート全体にわかりやすく見取り図を与えるため，目次，第 1 節（「はじめに」），第 2 節（従来の議論の整理），第 3 節（検討），結論（「おわりに」）を区別してください。

　第 1 節で，問題意識や分析の観点を明確にしましょう。「……と思う」と自分の感想を述べるだけではなく，他の論者の議論を参照し，「……という理由で，……であると考える」というように，多面的な観点かつ明確な根拠に基づいて論じましょう。多義的な用語や概念については，読み手の混乱を避けるために，自分のレポートではいかなる意味で用いているのかを明確に定義しておきましょう。

レポートの内容について，主要部分の要約（「アブストラクト」と呼びます）を作成してみると，一層理解が深まります。余裕があれば，図表，具体例，統計資料も活用してみましょう。

(2) 接続詞の使い方・論理一貫性

レポートには論理一貫性が求められます。各章の見出し・項目と内容が一致しているかを確認しましょう。また，各章・各項目のつながりに注意し，内容に矛盾のある文章を接続詞で強引につなげたりしないようにしてください。

(3) 自分の主張と他人の意見の明確な区別

客観的事実と自分自身の主観的評価，自分の意見と他人の意見を明確に区別しましょう。誰がその主張を行っているのか，主語を明確にしてください。

自分のレポートを自分で読み直し，また，友人に読んでもらうなどして，わかりにくい部分がないか確認しましょう。

4）盗用・剽窃の禁止，効果的な引用・参照の方法

(1) 盗用・剽窃の防止

他人の論文やネット記事について，出典を示さず，自らの文章のように装うことを**盗用・剽窃**といいます（例：他人のレポートの引き写し。出典を明示せず，自分の見解のように装って，インターネットサイトの記事内容をそのまま貼り付ける）。レポート作成が面倒だからといって，盗用・剽窃を行うことは絶対に許されません。学則により，単位取り消しなどの処罰の対象となる場合があります。

著作権法32条1項は，「公表された著作物は，引用して利用することができる。この場合において，その引用は，公正な慣行に合致するものであり，かつ，報道，批評，研究その他の引用の目的上正当な範囲内で行われるものでなければならない。」と規定しています。引用の際には，① 主従関係，② 明瞭区分性（「 」などで引用部分を明確にしていること），③ 出所表示（引用文献の出典を明示すること）に注意してください。論文や書籍だけでなく，図表・資料・写真を使用する際にも必ず出典を明記しましょう。

(2) 直接引用

直接引用の場合は「 」で括って表記します。一番オーソドックスな引用方法です。文章はなるべく短くまとめ，ひとつの文章にはひとつの内容となるように心がけましょう。句点（。）は「 」の最後に打つようにしてください。また，段落と接続詞を効果的に使い，引用した文章の意味が通るよう

にしてください。また，引用した箇所には「注」の印をつけ，脚注で出典を示します。

例 1

　憲法学者の芦部信喜によれば，「基本的人権とは，人間が社会を構成する自律的な個人として自由と生存を確保し，その尊厳性を維持するため，それに必要な一定の権利が当然に人間に固有するものであることを前提として認め，そのように憲法以前に成立していると考えられる権利を憲法が実定的な法的権利として確認したもの（注1）」であるとされる。

＊注1：
　芦部信喜（高橋和之補訂）『憲法（第7版）』（岩波書店，2019年）82頁。

例 2

　憲法学者の芦部信喜は，立憲主義と民主主義の関係について，「① 国民が権力の支配から自由であるためには，国民自らが能動的に統治に参加するという民主制度を必要とするから，自由の確保は，国民の国政への積極的な参加が確立している体制においてはじめて現実のものとな」ること，「② 民主主義は，個人尊重の原理を基礎とするので，すべての国民の自由と平等が確保されてはじめて開花する」ことを指摘した上で，「民主主義は，単に多数者支配の政治を意味せず，実をともなった立憲民主主義でなければならない」と主張する（注1）。

＊注1：
　芦部信喜（高橋和之補訂）『憲法（第7版）』（岩波書店，2019年）17頁。

⑶ 間接引用（要約）

　間接引用とは，引用符を使用せず，引用する内容を要約して表記する方法です。上述の直接引用（例2）の文章を間接引用すると以下のようになります。

　憲法学者の芦部信喜は，立憲民主主義の観点から，民主的な政治が確立した体制においてはじめて自由の保障が可能となること，民主主義が単なる多数者支配ではなく，個人尊重の原理に基づくものでなければならないことを強調する（注1）。

＊注1：
　芦部信喜（高橋和之補訂）『憲法（第7版）』（岩波書店，2019年）17頁。

　ただし，間接引用の場合は元の文章を正確に理解する必要があるので，初心者には直接引用を推奨します。

⑷ 参照

　自分のレポートで自らの主張を行う際に，他人の著作物の内容に言及したり比較検討したりすることを参照といいます。

参照の例

　違憲審査に関する「二重の基準（注1）」によれば，表現の自由をはじめとした精神的自由を制約する法律については厳格な違憲審査を行うが，職業選択の

自由をはじめとした経済的自由を制約する法律については，立法府の判断を尊重し，比較的緩やかな違憲審査を行うことになる。
　＊注 1：
　「二重の基準」については，芦部信喜（高橋和之補訂）『憲法（第 7 版）』（岩波書店，2019 年）104-105 頁，渋谷秀樹『憲法（第 3 版）』（有斐閣，2017 年）710-714 頁などを参照。

5) 出典・文献の記載方法

　出典については，本文中に記載する，注（脚注あるいは文末注）に記載する，文末の一覧表に記載するという方法があります。

　文献を引用する際は，著者名，論文タイトル，出版社名，出版年を記載してください。分野によって文献の引用方法は異なりますが，以下の例をあげておきます。

（1）雑誌論文

① 土井真一「憲法解釈における憲法制定者意思の意義――幸福追求権解釈への予備的考察をかねて（1）(2)(3)(4・完)」『法学論叢』131 巻 1 号 1 頁，3 号 1 頁，5 号 1 頁，6 号 1 頁（1992 年）。

② 遠藤美奈「外国人労働者の受け入れ拡大と人権保障」『法学セミナー』64 巻 5 号 14 頁（2019 年）。

③ 曽我部真裕「外国人の基本権保障のあり方」法学教室 483 号 71 頁（2020 年）。

（2）書籍

① 芦部信喜（高橋和之補訂）『憲法（第 7 版）』（岩波書店，2019 年）。

② 君塚正臣編『大学生のための憲法』（法律文化社，2018 年）。

③ 伊藤恭彦・小林直三・三浦哲司編著『転換期・名古屋の都市公共政策：リニア到来と大都市の未来像』（ミネルヴァ書房，2020 年）。

（3）ネット記事

ページ制作者，タイトル，URL，閲覧日を記載してください。

① NHK クローズアップ現代「ルポ　外国人労働者の子どもたち〜受け入れ拡大のかげで〜」（2019 年 9 月 18 日放送）（https://www.nhk.or.jp/gendai/articles/4329/index.html）（2023 年 2 月 17 日最終アクセス）。

② 文部科学省「外国人の子どもの公立義務教育諸学校への受入について」（https://www.mext.go.jp/b_menu/shingi/chousa/shotou/042/houkoku/08070301/009/005.htm）（2023 年 2 月 17 日最終アクセス）。

文献表記方法は分野によっても異なりますので，ここでの例に限定しなくても構いません。APA スタイル，シカゴスタイルなど，各種の例があります。教員各自が依拠する分野での慣例を用いて構いませんので，雑誌論文・書籍・インターネット上の記事について表記する方法を教えてください。

(4) 周知の事実・歴史的事実の扱い

　周知の事実や歴史的事件（例：明治維新（1868年））については原則として引用は必要ありません。ただし，歴史的事実の経緯を記述する場合は参照した文献を明示してください。また，周知の事実と著者の見解の区別がつかない場合も出典を明記しましょう。一般的な学問的見解の場合であっても，参考文献一覧に出典を記載しておくのが無難です。

6) 演習

　「現代社会と○○」という課題で，200字程度でレポートの要点を文章にまとめてください。ひとつの文章でまとめるのが難しい場合は，いくつかの文章を箇条書きにしても構いません。

> 「○○」の部分については，受講生の所属学科を考慮して，担当教員の判断で適宜調整してください。学生が作成した文章は，第6回授業の課題として回収してください。

7) 宿題：レポート作成

　以下のフォーマットに従って，A4用紙横書きで，1,500字以上でレポートを作成してみましょう。皆さんが作成したレポートは次回の授業で使用しますので，必ず，**完成したレポートを印刷して持参**してください。レポート作成に際してはMicrosoft Wordなどのワープロソフトを使用してください。

> 前半授業のまとめとしてレポート課題を出題します。完成原稿を第7回授業で使用しますので，授業開始時に必ず持参するようご指導ください。レポートのフォーマットは一例です。担当者の判断で調整してください。

　① 提出者氏名
　② 提出年月日
　③ 授業科目名
　④ レポートのタイトル（「現代社会と○○」）→ 10字〜40字のサブタイトルを各自でつけましょう
　⑤ 要約（アブストラクト）（2〜3行）
　⑥ 本文（序論，本論，結論の3章構成が目安）
　⑦ 注，参考文献表

参考文献
　都筑学『大学1年生のための伝わるレポートの書き方』有斐閣，2016年
　山口裕之『コピペと言われないレポートの書き方教室：3つのステップ』新曜社，2013年

第 **7** 回

レポートを書く ②

概要

> 課題：レポートの相互チェック
>
> ----
>
> ▶ ここでは，前回授業の宿題である学生各自のレポートを教材として利用します。レポートを書いて終わりにするのではなく，それを学生自身で読み，相互にチェックする演習を行います。

課題：レポートの相互チェック

前回の授業で宿題として出題したレポートを手元に用意してください。これからレポートの相互チェックを行います。2人一組でペアを作ってください。お互いのレポートを交換し，第4回授業で学んだ「分析読書」の方法で読み込んでください。読み終わったら，以下のレポートのチェック項目に☑を入れてください。

また，チェック項目の下にある「コメント欄」に，レポートについてのコメント（評価あるいは意見など）を記入してください（なお，あなたが書いたコメントはペアの相手のレポートの点数には影響しません）。

レポートのチェック項目

＊評価者（このレポートを読んで評価を行った人）
学生証番号・氏名（　　　　　　　　　　　）

＊評価対象者（評価対象となるこのレポートの執筆者）
学生証番号・氏名（　　　　　　　　　　　）
評価対象となるこのレポートのタイトル
（「現代社会と〇〇」）

〔テーマ〕
□レポートの内容が課題（「現代社会と〇〇」）に沿っているか
〔内容〕
□主張を裏付ける根拠は十分に提示できているか
□論理一貫しているか（問いと答えがきちんと対応しているか，最初と最後でいっていることがずれていないか，など）
□事実と意見が区別できているか

教員向け補足

課題に入る前に，学生が執筆済みのレポートを持参していることを確認してください。

第7回は学生各自が作成したレポートを教材として，相互チェックの演習を行います。他の学生が執筆したレポートを評価する経験を通じて，自らよりよいレポートの書き方を習得する機会とさせてください。

学生が執筆したレポートは，前半授業のまとめに相当します。

チェック項目は事前に印刷して学生に配布してください。なお，ここにあげた項目は一例ですので，担当教員の判断で適宜調整してください。

チェック項目を印刷したシートへ学生に記入させ，評価対象となるレポートと合わせて提出させてください。コメント欄はレポートの採点の際には考慮しないようご注意ください。レポートは「大学の学び・基本」のまとめとなる課題です。

〔論文作法・文章方法〕

□引用の仕方は正しいか

□文体は「である調」で統一されているか

□誤字，脱字はないか

□一文が長すぎる文はないか

〔書式〕

□指定された書式（A4用紙，横書き）になっているか

□指定された文字数（1,500字以上）は守られているか

コメント欄（文字数は自由です。2～3行程度。）

参考文献

　都筑学『大学1年生のための伝わるレポートの書き方』有斐閣，2016年

　山口裕之『コピペと言われないレポートの書き方教室：3つのステップ』新曜社，2013年

第 2 部
── 大学での学び・応用 ──

◆内　容◆

第 *8* 回

問いを立てる

概要

1）はじめに：「知りたい」を探す
2）個人的なものから普遍的なものへ
3）問いを絞り込む
4）演習：問いを立てる

▶ 後半授業の初回になりますので，冒頭でアカデミック・スキルの意義について再度説明してください。

教員向け補足

1）はじめに：「知りたい」を探す

　入門ゼミナール第二部「大学での学び・応用」では，第一部「大学での学び・基本」で習得したアカデミック・スキルに磨きをかけます。「大学での学び・基本」では，教員が設定した課題に沿ってレポートを書けるようになるまでが全体の目標でした。この「応用」では，発表と議論を行うことが全体の目標になりますが，皆さん一人ひとりの関心に焦点を当てます。各自が学術的な関心に沿って問いを立て，情報を集め，集めた情報を精査した上でアイデアを整理し，一定のテーマのもとで発表と議論を行うことができるようになる，ここまでが「応用」の目標です。

　アカデミック・スキルについて説明した際に述べた通り（「基本」第1回参照），大学での学びも，それを最終的に形にするレポートやプレゼンテーションも，最初は「問いを立てる」ことから始まります。つまり，「何かについて知りたい」「何かについてより深く理解したい」「何かについて今よりさらに解明したい」など，「何かについて」学ぼうとする動機から知的な探求が始まるのです。

　自分が関心を寄せる「何か」について「問い」を立てること。そして，その「問い」をめぐって，自分なりの仮説や見通しをもち，事実を調べて批判的に見極めることでそれを検証し，自分の仮説や見通しが正しかったこと（あるいは間違っていたこと）を確認する。このプロセスを実行するには，さまざまな資料や文献を読み込んだり，フィールドに出て調査したり，質問紙を使って調査したりすることが必要になります。このようなプロセスを経たものが，最終的にレポートやプレゼンテーションを通じて公表すべき価値をもちます。単に文章にできればいいとか，口頭で説明できればいいというわけ

ではありません。

　では，皆さんにとって「知りたい」の出発点になるテーマはどのようなものでしょうか。きっと，皆さん一人ひとりが入学した学部・学科は，皆さんの「知りたい」を大きく反映しているでしょう。健康学部，工学部，文学部，政治経済学部……とランダムに学部の名前をあげていくだけでも，その学部に所属する学生の知的関心をなんとなく思い浮かべることができそうです。

2）個人的なものから普遍的なものへ

　問いを立てる作業は，「何かについて学びたい」という動機をもつことから始まります。この動機は，一人ひとりきっと異なるでしょう。皆さんの多くにとって，知りたいことは比較的個人的で，自分の生活にも関係する身近なものであることが多いだろうと思います。もちろん，最初から「この問題はみんなにとって重要だから知りたい」といった仕方で問いを立てている人もいると思いますし，その場合は最初から公共的な問いになっているので結構なのですが，そうでない人のほうが多いのではないでしょうか。ここでは，個人的な関心から出発して考えてみましょう。

　たとえば，個人的に「知りたい」と思うことをランダムに5つ書き出してみたところ，次のようになったとしましょう。

　　a）どのような職業が自分には向いているのか。
　　b）自分は将来がんにかかる可能性があるのか。
　　c）セロリはなぜまずいのか。
　　d）大学で友人を増やすにはどうすればいいのか。
　　e）スポーツは健康に良いのか。

　先に述べた通り，問いを立てる作業は個人的な関心から始まっていても問題ありません。ただ，このように書き出してみた後で，それが「答えるに値するもの」であるかどうか，考えてみてください。

　まずは a）です。どのような職業が向いているか，皆さん気になるところでしょう。ただし，この問いに答えることができたとしても，それはあなた自身にとっては重大な意味があるかもしれませんが，他の学生たちにとっては参考にする程度の意味しかなさそうです。他の学生たちにあなたと同じ答えが当てはまるとは限らないからです。この点は b）も同様でしょう。がんにかかる可能性は一人ひとり違いますし，がんの種類によっても変わりますから，この問いのままで答えを見つけたとしても，あなた以外の人びとにとっては大きな意味をもたないでしょう。

ここで書き出した問いは例に過ぎませんから，各自で例示の仕方を工夫してください。学生に質問して問いを考えるよう促してもいいでしょう。

個人的な問いから出発していても，それを最終的に普遍的な問いへと高めることの重要性を伝えることがここでのポイントです。

　a）や b）の問いは，個人的には重要な意味をもつ問いであり，答えが
あなた自身にとって重要な意味をもつとしても，人びと一般にとって意味を
もつわけではありません。このような問いは，あなた個人の生存にとっては
意味があるのですが，アカデミックな問いとしては不向きです。アカデミッ
クな問いは，それに答えることで，あなたを含む多くの人びと（理想的にはす
べての人びと）にとって意義があるものである必要があります。

　では，c）はどうでしょうか。一見したところ，この問いはすべての人び
とに向けられているかのようですが，実際にはそうではない点が問題です。
あなたはセロリが嫌いで「なぜセロリはこんなにまずいのか」と思っている
かもしれませんが，世の中にはセロリが好きな人も数多くいます（ちなみに
著者はセロリが大好きです）。この問いは，セロリがまずいと感じる一部の人び
とにとってだけ重要である点で問題なのです。この点は，よくみると d）
も同様です。あなた自身はどちらかというと人見知りで，新しい友人を増や
すのに苦労する方だとしても，大学に入ると自然に友人が増えて，それほど
困らない人もいます。やはり，大学生全員にとって意義があるとはいえない
でしょう。答えが見つかれば，人見知りの学生たちには重宝されるでしょう
が……。

　思いつきで書き出した5つの問いの中では，学術的な観点からみると e）
がもっとも筋の良い問いになっています。スポーツが健康に良いのかどう
か，その答えを知ることができれば，潜在的にはすべての人びとにとって意
味がある答えになるからです。もちろん，a）〜 d）も，問いの立て方を
もっと工夫して洗練させていけば，多くの人びとにとって意味のある学術的
なものになるのですが，ここに書き出した問い方では不十分です。

　学術的な問いを立てるときに重要なことは，その問いがあなた自身にとっ
て意義があるだけでなく，あなたを含む多くの人びと（理想的にはすべての人
びと）にとって意義があることが大切です。つまり，学術的な問いは，「**客
観的なもの**」「**普遍的なもの**」に向けられていることが必要なのです。問い
の出発点は「主観的なもの」「個人的なもの」でも構わないですし，私たち
の多くにとってはその方が自然なのですが，そこで止まっていては「答える
に値する問い」に発展していくことがありません。その問いに答えるとき，
答えが自分にとってだけでなく，できるだけ多くの人びとにとって意義をも
つような問いを立ててみましょう。

3）問いを絞り込む

　問いを立てる作業は，個人的な関心から出発していても構わないこと，た

だしその問いが最終的に「客観的なもの」や「普遍的なもの」に開かれていることが重要であることがわかりました。では，これだけで問いを立てる作業を終えていいでしょうか。まだ，不十分です。自分の立てた問いが多くの人びとにとって意義のある普遍的なものだとしても，「答えの出しようがない」ものにとどまっていてはいけないのです。

先にあげた例「スポーツは健康に良いのか」という問いについて考えてみましょう。これはある程度の普遍性をもつ問いだといえますが，このままではどのように答えればよいのかわからないでしょう。あなたは，**どのような観点**からこの問いに迫りたいと考えているのでしょうか。「スポーツ」といっても，ストレッチやジョギングのように日常生活に簡単に取り入れられるものから，棒高跳びやアーチェリーのように専門的な競技スポーツまでいろいろあります。日常生活の延長でできる簡単なエクササイズから健康を考えるのと，スポーツ選手が経験するケガや故障から健康を考えるのとでは，問いへの答え方が大きく変わってきそうです。

他方，「健康」という言葉もよく考えると曖昧です。あなたにとって健康は，「単に肉体的な病気がない状態」といったイメージにとどまっていないでしょうか。WHO（世界保健機関）では，「健康とは，肉体的，精神的及び社会的に完全に良好な状態であり，単に疾病又は病弱の存在しないことではない」と定義しています。この定義に従って健康を考えなくてはならないといいたいのではありません。そうではなくて，問いを立てる際に，問いの意味するところや**言葉の定義**を明確にする必要がある，ということなのです。あなたが問題にしたい「健康」はどのような意味をもつ言葉なのでしょうか。明確にしてみてください。

別の問いに沿って考えてみましょう。たとえば，あなたは以前から生物に深い関心があって，生命について知りたいと考えているとしましょう。そこで「生命とは何か」という問いを立てたとします。これはきわめて普遍的な問いですが，このままでは問いが大きすぎて，どこから答えていいのかまったく見当がつかないでしょう。あなたは**どのような方法**でこの問いに迫りたいと考えているのでしょうか。生物界に広く目を向けて，生物と非生物の境界を確かめたいのでしょうか。あるいは，コンピュータを使って人工生命のシミュレーションを行い，生命についての理解を深めたいのでしょうか。あるいは，生命が次世代へと伝達される生殖のメカニズムを分子レベルで理解したいのでしょうか。あるいは，生き物が死ぬ瞬間を観察することで生命について深い洞察を得たいのでしょうか。あるいは，生命とは何かを深く考えてきた哲学者の見解を紐解いて一緒に考えてみたいのでしょうか……。

どのような方法を選択するかによって，答えの方向が大きく変わってくる

ここでは2つの問いを例として取り上げていますが，いずれも執筆者が考えた例に過ぎません。例示の仕方は各自で工夫してください。問いに関連する観点・分野，言葉の定義，方法をはっきりさせ，問いを絞り込む作業の重要性を伝達することがここでの目標となります。

ことはいうまでもないでしょう。観点が不明確な問いや，言葉の意味が曖昧
な問い，あるいは設定が大きすぎる問いにとどまっていては，その先に進む
ことができないのです。大学で学ぶことのできる知識は，じつに広くて深い
ものです。客観性や普遍性のある問いが立ったら，次は，その問いにどのよ
うなアプローチで迫りたいのか，**関連する分野と方法**について検討し，**問い
を絞り込む**作業を行ってください。

　たとえば，あなたは生命についての分子生物学的な研究に関心があって，
生命の謎も分子という物質の振る舞いとして理解できるというアプローチに
魅力を感じているとします。しかしその一方で，生命にはどこか神秘的なと
ころも残されていて，物質レベルで解明することに限界もあるのではないか
と漠然と考えているとします。こうした両面的な関心から「生命とは何か」
ということについて理解を深めたいのだとすると，おそらく分子生物学だけ
を知っても十分な理解は得られません。むしろ，あなたは生命をどうとらえ
るべきかという物の見方（「生命観」）に関心があるのでしょう。このような
関心から始めるのなら，生物学の歴史を調べてみることで「機械論」と「生
気論」という正反対の見方があったことを深く理解すると，あなたの問いは
一定の答えを得ることになるでしょう。このような場合，「生命をどう見る
か？──生命観の歴史をふり返って分子生物学を位置づけ直す」といった問
いに絞り込むことができそうです。

　皆さんが大学での学びに費やすことのできる時間は限られています。限ら
れた時間の中で，**「何を，どこまで知りたいのか」**ということをよく考えて，
関連する分野，適切な方法を選択しながら，できるだけ具体的に問いを絞り
込んでみてください。

4）演習：問いを立てる

(1) あなたがこれから知りたいと考えているテーマを思いつく順に 3 つ書き
　　出してみましょう。すべて書き出したら，もっとも気になるものをひと
　　つ選んでください。

(2) 書き出したテーマからひとつを選び，「問い」を短いフレーズで書いてく
　　ださい。あなたの個人的な関心から始めて構いませんから，それを「客
　　観的」「普遍的」な問いにしてみましょう。

(3) 問いができたら，関連する分野と方法について調べ，自分の問いにもっ
　　ともよく適合するものに引き寄せて，問いを絞り込んでください。最終
　　的に，あなたの問いを 1 行程度の文章にして書き出してください。なお，
　　書き出した問いは，次回以降の授業でも継続して取り組み，最終回のプ

時間配分の目安として，授業
後半約 40 ～ 50 分を演習に使
ってください。

(1)(2)(3) は，演習中にすべて
ノートなどに書き出すように
指導してください。

(3) は第 8 回授業の課題とし
て提出させてください。

この授業で立てた問いは，後
半クラスを通じて学生各自で
さまざまな角度から深め，第
13-14 回の発表用に利用しま
す。

レゼンテーションで発表してもらいます。以下に例をあげます。

例)

- 「人間の言葉にはどのような機能があるのか：鳥の鳴き声との比較から考える」
- 「スポーツ選手のけが・故障を調べることで，スポーツと健康の関係を再考する」
- 「法律（とくに著作権法）の観点から，レポートにおける引用と剽窃の違いを定義する」
- 「コミュニケーション論の観点から，オンライン授業の長所と短所を解明する」

参考文献

安斎勇樹・塩瀬隆之『問いのデザイン：創造的対話のファシリテーション』学芸出版社，2020 年

宮野公樹『問いの立て方』筑摩書房，2021 年

第 9 回

情報を集める

概要

> 1）「とりあえず検索」からの脱却
> 2）目的別・4つの情報収集術
> 3）無理なく情報を集め続けるために：学び方のヒント
> 4）演習：「問い」をブラッシュアップするための情報収集
>
> ▶ 第9回では，関心をもったテーマに関する情報を集めていく上で，闇雲に検索エンジンで調べるのではなく（その危険性も学びます），研究に有益な情報へとつなげていく戦略的な収集方法を学んでいきます。演習では，グループに分かれて共通するテーマを使い，収集方法による違いを比較します。

教員向け補足

1）「とりあえず検索」からの脱却

　大学で学ぶ中では，自分の興味関心を広げたいと思ったり，課題を提出するために，情報を集める必要が生じます。しかし，「何から始めたらいいのかわからない」「調べたい物事のイメージをうまく言葉（キーワード）にできない」「資料や情報を探すのに，どのような手がかりがあるのかがわからない」「情報の選び方がわからない」など悩むことがあると思います。そこで，まず思いつくのが「とりあえずネットで検索してみる」ではないでしょうか。ただ実際に検索すると，今度は情報の洪水に溺れ，ますますどうしたらよいかわからなくなります。そのうちに，だんだんとやる気がなくなってしまう……こんな経験はありませんか。大学でいざ主体的に学ぼうとすると，最初のつまずきはそんなところに潜んでいたりします。

　たしかに，インターネットで検索すれば，だいたいのことは何かしら情報が出てきます。しかし，もし皆さんがそれらの情報を知るだけで満たされるなら，「知」の創造の場である大学に通う意味はありません。インターネットによって誰もが多くの情報を瞬時に手に入れられる社会では，むしろ，本当に自分が欲しい情報や信頼できる確かな情報にたどり着くことが，大変難しくなっています。情報の洪水に溺れてしまわないために，おそらく日常的に多くの人がやっているだろう「とりあえず検索」の習慣を見直し，大学で求められている情報の集め方を習得する必要があるのです。

　ネットリテラシーのひとつとして，責任の明確な信頼性の高い情報源かどうか判断できることが重要です。では，以下の情報のうち，どの情報源であ

学生たちが情報を得るためによく使うツールとして Wikipedia があります。便利である反面，情報の信頼度が低い点などについて指摘するとよいでしょう。仮に Wikipedia を利用するにしても，その情報源を確認することを忘れないことも指摘しましょう。

れば信頼性がより高そうだと考えますか。そして，どのような理由でそう判断しましたか。ディスカッションしてみましょう。

- 匿名 Twitter でのつぶやき
- 政府が刊行する統計データや白書
- 新聞の報道記事
- 個人ブログの記事
- 学会誌に掲載された論文
- 家族や友人から聞いた話
- 視聴回数の多い YouTube の動画
- まとめサイトの記事
- 神奈川県の公式サイトの情報
- NPO や市民団体の公式サイトの情報

2）目的別・4つの情報収集術

ここで前回の授業の復習として「問いを立てること」の重要性を確認する。

　ネット検索は容易に情報を入手できる反面，信頼性に欠けた情報も散在しており，かえって危険なものも少なくありません。これに比べ，大学で求められている情報の集め方は，地味で面倒な道のりにみえるかもしれませんが，信頼できる情報先から積み重ねていく方法であるため，調査研究を進めていくことができます。むしろ，これこそが自分の知識や見解を深めていく過程であり，大学という場でじっくりと学ぶ醍醐味でもあります。

　前回の授業で私たちは自分が関心をもったテーマを研究へとつなげていく上で，「問いを立てる」ことを学びました。この姿勢に基づきながら，情報を集めるのにどのような方法があるのかについて学びましょう。

① 言葉の意味を調べる（基礎的な知識・概念の理解）

検索方法の紹介（例）：Japan Knowledge（ジャパンナレッジ）
https://japanknowledge.com/
（概要）百科事典・辞書・ニュースなどを集積した日本最大の知識データベース。「字通」「日本国語大辞典」「日本歴史地名大系」「国史大辞典」「世界大百科事典」なども利用可能。

　どのような課題であっても，まずは基礎的な用語の理解が必要です。テーマそのものだけでなく，テーマに関する複数のキーワードや関連語を把握しておくことが大切です。授業資料や講義ノートに加え，教科書，入門書などで確認しましょう。国語辞典や百科事典も引いてみましょう。ひとつのものを読んでもうまく理解できない場合は，同じ分野・テーマの複数の教科書・入門書を3冊ほど眺めてみると，共通して出てくる言葉や説明に出くわします。それが，その分野・テーマの「基本的な用語」です。

　また，学部の専門教育で出会う専門用語については，専門分野の用語集や専門辞典がある場合も少なくありません。今すぐ使うことはないかもしれませんが，その存在を知らなければ使うことはできないので，まずは把握することが重要です。自分の学ぶ分野ではどのような専門辞典があるのか，図書

館で探してみましょう（ぜひ，ページを開いてみてください）。

② 先行研究（過去の研究）の調査（書籍・学術論文）

前回の授業で問いを立てることの重要性を学びました。学術的な問いは，「客観的なもの」「普遍的なもの」であり，関連する分野から検討して問いを絞り込むことを学びました。しかし，そのようにして立てた「問い」について，すでに誰かが完璧な「答え」を見つけていたら，そこでその「問い」はすでに過去のものになってしまいます。そのため，過去に同様の研究や，類似の研究が行われていないかを調査する必要があります。卒業論文や学術的な研究の場合は，先行する研究を踏まえた上で，そこに何か新しい発見を加えることが期待されます。多くの人が自分の発見を加えていくことで，学問は発展していきます。

現在皆さんが履修している1年次対象の授業課題やレポートで，先行研究の検討が厳密に求められることは少ないかもしれません。しかし，ひとつのテーマについて過去の研究を調べることを習慣化し，そのための方法を今から習得していくことで，今書いているものもより内容のあるレポートにすることができますし，専門分野の学びも確実に深まります。自分の知りたいことを知るための方法やアイデアが，先行研究を読む中で見つかるかもしれません。

③ データや資料を探す（統計情報・行政白書など）

「〜について論じなさい」といった論証型のレポートや学術的論文の場合，考察や主張を支える客観的な理由や根拠が必要です。その際には，テーマに関連する公的な統計データや行政機関が刊行する白書の分析記述など，信頼性の高い情報をうまく活用すると，主張を根拠づけるのに有効です。

なお，専門分野の学習が深まる中で，自分自身で客観的なデータを収集するために，アンケートやインタビュー，実験，観察，フィールドワークなどの手法（研究法）を学んでいくことになります。

④ 時事的な情報を探す（新聞記事など）

現在話題になっている事象がテーマの場合，インターネットでさまざまな情報を調べることもできます。ただし，最初にお伝えしたように，インターネット上の情報は玉石混交で，とくに時事的な情報の場合，「とりあえず検索」は大変なことになるかもしれません。時事的な情報を探す際には，情報源が明確，すなわち責任が明確な信頼性の高い情報を優先して使うことが不可欠です。

ここでは，新聞記事検索をご紹介します。通常の検索でもニュース記事は出てきますが，専用検索サービスを用いることで，より正確な情報を確実に手に入れることができます。面倒に感じるかもしれませんが，結局は，この

*論文検索の方法【共通】：「CiNii Articles」（サイニー）（https://cir.nii.ac.jp）なお，第3回授業「図書館を使う」でも紹介しています。

行政に関する情報の探し方としては以下のサイトを紹介してみましょう。
① e-Gov ポータル（https://www.e-gov.go.jp）（概要）行政機関が発信する政策・施策に関する情報，行政サービス，各種オンラインサービスなどに関する情報を対象に，情報ナビゲーションに資することを目的としてデジタル庁が整備，運営する Web サイト。法令検索も可能。
② 行政関係資料：行政が発行する全53の白書がリンクされている（https://www.e-gov.go.jp/about-government/white-papers.html）。
③ 政府統計資料：e-Stat（政府統計の総合窓口）（https://www.e-stat.go.jp）

新聞検索の方法として，「東海大学付属図書館データベースガイド B．新聞・ニュース記事」を利用できます。（http://www.tsc.u-tokai.ac.jp/ctosho/lib/newdb.htm）大手全国紙（朝日新聞・産経新聞・読売新聞・毎日新聞）のほか，日経新聞や人民日報などの記事が検索できます。検索期間を指定することで，過去の新聞記事まで検索ができるので，時事的な情報の経年変化も知ることができます。

東海大学の SSL-VPN の利用については，下記のサイトを参照。（https://www.cc.u-tokai.ac.jp/FAQ/sslvpn.html）

なお，ここまで紹介した情報の集め方の中には，大学のパソコン端末から利用したり，あらかじめ SSL-VPN の手続きを取ることで，通常では有料サービスであるものが，学生や教職員は個人の費用負担なしで利用することができるサービスが含まれています（大学が費用を負担しているという意味です）。

各教員の専門分野での情報取集のための苦労話を紹介するのもよいでしょう。

教員の書店めぐりの経験談を紹介（自身の研究分野の本が揃っている書店など）してあげましょう。お勧めの大型書店（三省堂書店，八重洲ブックセンター，ジュンク堂など）についても紹介するのもよいと思います。

教員が登録している学術関係のメールマガジンの事例を紹介するのもよいと思います。

ような方法をとることで，質が高く，かつ，効率のいい情報収集ができるのです。

3）無理なく情報を集め続けるために：学び方のヒント

特定の授業や課題のために集中して情報を集めることはもちろん必要ですが，自分の関心のあるテーマや分野について，無理なく継続できるように情報を集め続けるためには，どのような工夫ができるでしょう。ここでは2つだけ，紹介します。

① 大型書店に行ってみる

大都市圏に行った時には，ぜひ大型書店に行ってみてください。図書館が重厚な研究蓄積と出会う場であるなら，書店はその最前線と出会うことのできる場です。自分の専門分野に関するものだけでもいかに多くの書籍があるかを目の当たりにしたら，興味のわいた書籍を手にとって，目次をながめてみることをおすすめします。新しい言葉に出会うかもしれませんし，専門知識と社会のつながりがみえてくるかもしれません。「これだ！」と思うようなアイディアがわくかもしれません。

定期的に大型書店に通ったり，近くに来た際には毎回立ち寄る癖をつけると，専門分野の流行もみえてきます。自分の問題関心が定まってきたら，「この書店のこのコーナーで知らない本はないようにする」という学びのターゲットもわかってくるかもしれません。なにより，多くの刺激に触発され，自分自身を深く考える時間になるはずです。

② 興味のある分野・テーマの行政や学協会・団体などのメールマガジンや SNS をフォローする

自分の関心に近い情報が自動的に手元にやってきたら，これに勝る効率的な情報収集はありません。皆さんも，自分の好きな SNS をフォローすることで，自分の関心に近い情報を日々得ていると思います。

これと同じことは，研究でもある程度可能です。現在は，行政や学協会（○○学会・○○協会），博物館やマスメディア，NPO などに至るまで，複数の媒体を使い分けて積極的な情報発信が行われています。その多くは無料です。SNS の気軽で即時性の強い性格に対し，月1回程度のメールマガジンや Facebook では，ある程度まとまった量の情報が整理されて発信されています。それぞれの発信媒体の特徴を見極めて，気になった行政・学協会・団体などについてメールマガジンの購読や SNS のフォローをしてみましょう（なんか違うな，と思ったら取り消しましょう）。欲しい情報が自然と集まってくる仕掛けを作ることは，情報を集める上級編でもあります。

　ここまで学んできた情報の集め方は，より完成度の高い課題やレポートを仕上げることや，学部の専門教育をより良く学修するために役立つことは間違いありません。くわえて，大学で学ぶうちに自分の専門分野とは異なる分野やテーマに関心をもつことや，卒業後に仕事などでまったく新しい分野やテーマを学ぶ必要が生じることもあるでしょう。大学時代に身につける情報の集め方は，この先，皆さんが自分の力で学んでいくために，一生使える有効な武器になるのです。

4）演習：「問い」をブラッシュアップするための情報収集

　前回（第8回）で設定したあなたの「問い」に対して，今回の授業で学んだ4つの情報取集術を利用して，「問い」をブラッシュアップしてみましょう。

(1) 「問い」の中に出てくる重要な言葉の意味を辞書や専門用語辞典を利用して特定し，定義を書いてください。

(2) あなたの「問い」の内容に近い先行研究（一番近い書籍や論文）を，図書館検索や「CiNii」を利用して見つけてください。見つけたら，その書籍または論文の出典情報を書き出します。

(3) 自分の「問い」を分析したり，考察したりする上で，利用できそうな資料やデータ（図表やグラフなど）を，統計情報・行政白書などを利用して見つけてください。見つけたら，入手した情報・データの出典情報を書き出します。

(4) あなたの「問い」がマスメディアなどでどのように扱われているか，WEB上の新聞記事や雑誌記事を調べてください。もっともよい記事を見つけたら，その記事の出典情報を書き出します。

(5) 上述の(1)〜(4)の情報収集を通じて，前回設定した「問い」が適切であるかどうか確認してください。情報収集を通じて，もっと適切な「問い」に書き直すことができる場合は，変更後のものを短い文章として書き出してください。変更がない場合は，前回と同じ問いを書いてください。

参考文献
　井上真琴『図書館に訊け！』筑摩書房，2004年

時間配分の目安として，授業後半約50〜60分を演習に使ってください。(1)〜(5)は，授業中にすべてノートなどに書き出すよう指導してください。

演習で学んだ内容をまとめたレポートを第9回授業の課題として授業終了時に提出させてください。

演習(4)で学生が見つけた記事は，第10回の授業で演習用の教材として使用します。出典情報を必ず控えておくように指導してください。

第 **10** 回

集めた情報を精査する

概要

1）思い込みはどのように生じるのか
2）批判的・論理的思考と資料の読解・整理
3）演習：クリティカルレビュー

▶ この回では，学術的にみて適切な知見にたどり着く上で，思い込みを取り除くことの重要性を取り上げます。また，資料を批判的・論理的に読み解いた上で，自分自身の意見をもつための方法について学びます。

1）思い込みはどのように生じるのか

① 先入観

　私たちは少数の出来事に出会うことで，知らず知らずのうちに心の中に一定の印象を作り出しています。これは思い込みとして働き，後に遭遇する出来事についての認知を歪めてしまう場合が多々あります。学術的な知識は，このような先入観を取り除くところから始まります。

　大学での学びは，現代社会においてそもそも何が問題であるのか，幅広く事実を知ることから始まります。私たちの多くは，「知る」ことを「何も知らない状態に知識を付け加えること」といったイメージでとらえています。いわば，白紙に何かを書き込むようなプロセスだと考えているのです。しかし，「知る」ということは，私たちが事前に抱いている物の見方から自由ではありません。事前に形成されている物の見方を「先入観」といいます。

　たとえば，「あばたもえくぼ」という慣用表現があります。好きな相手，愛情を感じている相手をみるときには，その顔に残る「あばた」（天然痘が治った後で残る皮膚のぶつぶつ）も，かわいらしい「えくぼ」にみえるという意味です。自分の中にポジティブな見方が働いていると，ネガティブな現実もそのようにはみえないということの例えです。自分の先入観に合った事実だけを知覚し，そうでない事実は無視してしまう傾向が私たちにはあるのです。

　あるメーカーのエアコンを買ったらすぐに故障したという経験をすると，そのメーカーのエアコンは不良品が多いという印象をもって二度と買わなくなる人もいます。実際にはその１台だけが不良品だったのかもしれないし，そうではないかもしれませんが，いずれにしても同一メーカーの同一製品を数多く検証してみなければ事実はわかりません。しかし，限られた自分の体

教員向け補足

思い込みが生じる過程として，ここでは「先入観」「報道に潜む問題」「不適切なグラフ」「思い込みの形成過程」という４つのポイントをあげて説明しています。他にもポイントをあげることはできると思いますので，授業では論点を適宜差し替えながら，「思い込みを取り除くこと」の重要性を学生たちに伝えてください。

験を拡大して偏った見方をもってしまうことは意外と多いものです。これは「少数例の一般化」と呼ばれる現象ですが，私たちの先入観の多くは少数例を一般化することで成り立っています。

② <u>報道に潜む問題</u>

　興味深い数字があります。2015年の内閣府の調査（少年非行に関する世論調査）によると，約5年前と比べて少年による重大な事件が増えていると答えた人の割合は78.6％だったのに対し，減っていると答えた人は2.5％しかありませんでした。この調査を参照する限り，少年による悪質な犯罪が増えているという印象をもっている人びとが多いようです。

　しかしながら，図10-1の棒グラフ「少年」の部分に注目してください。2010年（平成22年）から2015年（平成27年）にかけて，「少年」部分の棒グラフをみると，刑法犯として検挙された少年の人数は減少傾向にあることがわかります。折れ線グラフは少年10万人あたりの人口比の数字ですが，こちらでみても検挙人数は減少傾向にあるのがわかります。人口10万人あたりでみているのですから，単に少子化が進んだために検挙人数が減少したというわけではありません。少年による犯罪は実際に減少傾向にあるのです。

　では，なぜ「少年による重大な事件が増えている」と答えた人は全体の8割近くもいたのでしょうか。これは，マスメディアによる報道の影響が大きいと指摘されています。冒頭にあげた内閣府の調査は2015年7月末に実施されていますが，この時期の少し前の2015年2月20日には「川崎市中1男子生徒殺害事件」が，2014年12月7日には「名古屋大学女子学生殺人事件」が起こっています。どちらの事件にも人びとの注目が集まり，連日大きく報道されたのです。

　内閣府が2000年代に行っている調査では，治安に関する情報の入手先は

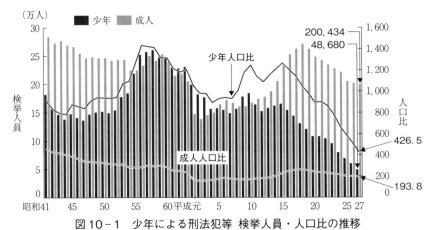

図10-1　少年による刑法犯等　検挙人員・人口比の推移

出所）『平成28年版犯罪白書』第3編／第1章／第1節／1／3-1-1-1図「② 刑法犯」より
　　　法務省（https://hakusyo1.moj.go.jp/jp/63/nfm/n63_2_3_1_1_1.html#h3-1-1-01）

新聞やテレビなどのマスメディアが大きな比率を占めています。現在ではインターネットの割合が高まっているでしょうが，ニュースのまとめサイトなどで入手できる情報は，以前と変わらずマスメディアの報じた情報の要約になっています。マスメディアが報道する情報は事実に基づいていますが，日々社会で生じている出来事には報道されないものも多数あります。報道されやすい出来事は，平凡なものよりは珍しいもの，人びとの話題になりにくいものよりは話題性のあるもののほうが多いでしょう。少年による凶悪犯罪は，この点で，報道されるニュースになりやすい傾向があるといえます。こうして，「少年による重大な事件が増えている」という人びとの思い込みが作られていくのです。なお，上のグラフだけでは「凶悪犯罪」が実際に減っているかどうかわからないのでは？，という疑問をもったあなたは，鋭い着眼点の持ち主といえます。実際に数字がどうなっているか，調べてみてください。数字でみると，殺人や強姦などの重大犯罪の件数も減少していることがわかります。

③ 不適切なグラフ

　皆さんが前回の授業で収集した資料・文献にはさまざまなグラフが使用されています。読み手にデータをわかりやすく提示する手段としてグラフは大変重要です。ただし，読み手の誤解を招く不適切なグラフもあることから，惑わされないように注意が必要です。不適切なグラフの典型例としては以下のようなものがあげられます。

(a) 単位の異なるものを並列させた二軸グラフ

　図10−2は過去5年間のA社とB社の売り上げを比較したものです。一見したところ，A社の売り上げがB社のそれを追い抜いているようにみえますが，A社の売り上げの単位が「万円」であるのに対し，B社の売り上げの単位は「億円」となっています。B社の売り上げが低落傾向であるにせ

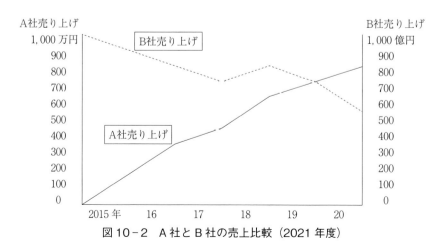

図10−2　A社とB社の売上比較（2021年度）

ここであげた不適切なグラフは一例ですので，担当教員の判断で適宜補足してください。

よ，A社の売り上げはB社とは全く比較になりません。単位の異なるものを並列させている点で不適切なグラフです。

(b) 差異を極端に強調するグラフ

　図10-3は2021年度のX社とY社の売り上げを比較したものです。X社がY社に対して大きくリードしているようにみえますが，グラフの目盛りは0から始まっているわけではなく，92億円から始まっているところが誤解を招く要因になっています。実際の売上はX社100億円とY社95億円で，それほど大きな違いがあるわけではありません。些細な違いを極端に強調している点で不適切なグラフです。

(c) 比率の間隔がいびつな円グラフ

　図10-4はある製品を製造する主要メーカー3社の2021年度の市場シェアを示したものです。一見するとB社の占める割合が大きいようにみえますが，トップはA社です。円グラフの中心点の位置がずれていること，3Dグラフで手前が大きくみえることが影響して，B社があたかもトップであるかのような印象を与えるものになっています。円グラフに占めるB社の比率の間隔をいびつに拡大している点で不適切なグラフです。

④ 思い込みの形成過程

　私たちが物事を理解する際には，「**カテゴリー**」と呼ばれるものを用いて整理・分類しています。カテゴリーとは，同じ特徴をもつものをひとまとめ

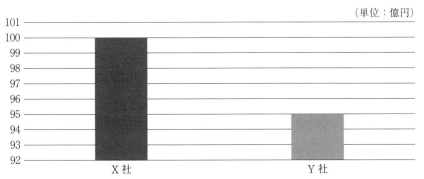

図10-3　X社とY社の売上比較（2021年度）

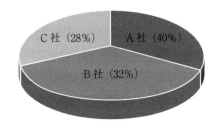

図10-4　メーカー主要3社の市場シェア比較（2021年度）

にしたものを指します。「高校」「中学校」「小学校」などは「学校」という
カテゴリーでまとめられますし，「ネコ」「イヌ」「ネズミ」などは「動物」
「哺乳類」といったカテゴリーでまとめられます。カテゴリーはもっと細分
化することももちろん可能で，「プードル」「柴犬」「チワワ」といった個別
の種類からみれば，「イヌ」はひとつのカテゴリーです。

　ある対象を，何らかのカテゴリーの一員として認知する心の働きは「**カテ
ゴリー化**」と呼ばれます。カテゴリー化は，物事や出来事を認知する際，た
いていの場面で働いています。空から降ってくるものが雨なのか雪なのか区
別したり，向こうからやってくるのが女性なのか男性なのか見分けたり，道
路を走っているのがタクシーなのかトラックなのか判断したり，といった作
業はすべてカテゴリー化です。

　このようにカテゴリー化の作用は重要で，私たちの生活や学問的な認識の
多くの場面を支えています。カテゴリー化は，**プロトタイプ**（原型）との比
較照合によって生じると指摘されています。プロトタイプとは，そのカテゴ
リーに属するさまざまな特徴を束ねたもの，または，そのカテゴリーの典型
的なイメージです。たとえば，「果物」というカテゴリーでいうと，「果物ら
しい特徴の集まり」が果物のプロトタイプです。言葉にすると「甘くてジュー
シーで木になるもの」とでも表現できそうです。

　カテゴリー化は，このようなプロトタイプとの類似度によって決まりま
す。プロトタイプとある程度似ている場合には，ある対象はそのカテゴリー
の一員とみなされ，そうでなければ別のカテゴリーのメンバーとして区別さ
れます。たとえば，リンゴ，ミカン，ナシなどはいずれも先ほどのプロトタ
イプにうまく当てはまるので「果物」とみなされるでしょう。しかし，メロ
ンやスイカは蔦からつながって地面になるので「木になるもの」という基準
を満たしません。このような場合は，心の中でプロトタイプが更新され「甘
くてジューシーで木や卓になるもの」というふうに上書きされます。

　プロトタイプを形成するには事例と出会うことが必要ですが，私たちはい
つでも十分な数の事例に出会うことができるとは限りません。たとえば，
「東海大生」というプロトタイプを形成するには，さまざまな学部に所属す
るさまざまな学年の数多くの学生に会ってみる必要があります。学術的には
このような事例を「**サンプル**（標本）」と呼びますが，私たちの日常生活では
十分な数のサンプルを集めることができないまま，プロトタイプが心の中で
形成され，カテゴリー化が行われます。

　こうして，不十分な数のサンプルをもとに，正確でないプロトタイプが形
成され，結果的に間違ったカテゴリー化が生じることは，私たちの日常生活
ではしばしば生じます。これが先入観や思い込みを生み出すメカニズムです。

皆さんが調べて入手した知識は，果たして学術的に正確な知識といえるか
どうか，十分に確認しましょう。サンプルの数は十分にある知見でしょう
か。不正確なプロトタイプに頼っていないでしょうか。間違ったカテゴリー
化をしていないでしょうか。

2）批判的・論理的思考と資料の読解・整理

① 批判的・論理的思考

　前回の授業では，自分自身の関心に基づいてさまざまな資料・文献を収集
しました。先行研究の知見を参考にする前に，前段で扱ったように自分自身
の思い込みを取り除いておくことが必要になります。また，先行研究は重要
ですが，それを丸ごと取り入れるのではなく，論理的な観点から検討した
り，批判的に吟味したりする作業が必要となります（論理的な一貫性を検討する
作業は「ロジカルシンキング」，批判的に考察する作業は「クリティカルシンキング」と
も呼ばれます）。自分の意見を主張する際は，こうした作業に基づいて，一定
の理論的な根拠に基づいて，他者を説得する必要があります。

　ロジカルシンキングやクリティカルシンキングを実践する上で，収集した
情報や文献の内容を丁寧に検討する作業が役立ちます。文献の内容をそのま
ま額面通りに受け取るのではなく，「そこで提示された事実や数値は検証可
能であるか」「その事実や数値から導き出される主張に矛盾はないか」「少数
の事例を過度に一般化して主張を展開していないか」というように，批判的
かつ論理的に検証することが大切です。

② 批判的読解

　参考文献や資料のテキストを正確に読解し，自分の言葉で理解し，それを
否定したり肯定したりする意見を論理的に示すことを批判的読解といいま
す。学術論文や著書の場合，著者が引用・参照した文献に加えて，経歴や思
想など，背後の状況（文脈，コンテキスト）を通じてそのテキストの意味を明
らかにします。さらに，論理的整合性，統計データ，資料の解釈を通じて再
検証し，必要に応じて説得的な意義を指摘することが求められます。

③ 資料の読解・整理

　批判的読解に先立って，資料の読解・整理をしてください。無論，対象と
なる文献をきちんと読み込むこと（分析読書を行うこと）がベストですが，時
間が限られている場合は，とりあえず「点検読書」の方法でよいので，関係
しそうな文献をたくさん閲覧してみましょう。学術論文や著書であれば，ア
ブストラクト，目次，序章と結論を読むだけでも，また，途中から興味のあ
る部分を読むだけでも，おおよその著者の主張を効率的に把握することがで

必要に応じて，第4回授業で
扱った「点検読書」「分析読
書」の方法を学生が思い出せ
るよう工夫してください。

きます。文献の読解の際に印象に残った点があればメモをとりましょう。その際に，多種多様な情報を自分の問題関心に基づいて取捨選択して整理することが求められます。

④　正確な要約

　文献の意味を正確に理解するために要約をしてみましょう。通常，論文や著書の場合，章ごと，段落ごとに意味・論点が込められています。そのため，まず，段落ごとに要約を行う（たとえば，段落ごとに一文でまとめる）とよいでしょう。そうすることで文章全体の構造を把握することができます。

　要約を行う際には，接続詞（理由「それゆえ，だから」，逆接「しかし，けれども」，譲歩「にもかかわらず」など）の使い方を工夫してください。キーワードやセンテンス，論文の結論を見つけると作業をスムーズに行うことができます。文献中の専門用語については辞書などを用いてその意味を理解しましょう。

　要約して導き出したキーワードやセンテンスから，自分が強く関心をもった事項，疑問が残る事項を列挙してみましょう。特定の事項に縛られる必要はありません。「説得的な議論だけれども，別の視点もあるのではないか」というように，相対化して理解することが大切です。そのような視点がありそうな場合は，別の情報源，反対の事例などを確認してください。また，自分の関心・疑問・評価を他者に説明できるようにしましょう。

＊要約の方法と注意点

> ａ）文章全体を通し読みして，著者の主張の重要部分（各段落に１～２つが目安）を把握する。
> ｂ）引用や反復部分を省略し，ａ）をつなげて簡潔に要約する。
> ｃ）著者の元の文章そのままではなく，自分の言葉で置き換える。

3)　演習：クリティカルレビュー

　第９回授業の演習で見つけた WEB 上の新聞記事または雑誌記事を「分析読書」の要領に沿って熟読してください。なお，記事を熟読する際に，本日の授業で学習したことを参考にして，以下の３つのポイントに注意してください。

　ａ）論理的にみて矛盾がないかどうかを検討する。

　ｂ）特定の印象や思い込みを強める記事になっていないかどうか検討する。

授業後半の 40～50 分を演習に使用してください。
クリティカルレビューの進め方については，参考文献佐藤ほか 2020 年，91 頁が参考になります。

(1)(2)は，第10回授業の課題として授業終了時に提出させてください。

　c）グラフや資料は適切に使用されているかどうかを検討する。

　以上のポイントを踏まえて記事を読み込んだ後で，以下の2つの作業を行ってください。

(1) 300字程度で記事の内容を要約します。

(2) 記事の内容について，自分の意見を述べてください。

参考文献

伊藤奈賀子・中島祥子編『大学での学びをアクティブにするアカデミック・スキル入門（新版）』有斐閣，2019年

慶應義塾大学教養研究センター監修・大出敦『クリティカル・リーディング入門：人文系のための読書レッスン』慶應義塾大学出版，2015年

佐藤望編著『アカデミック・スキルズ（第3版）：大学生のための知的技法入門』慶應義塾大学出版会，2020年

鈴木宏昭『認知バイアス：心に潜むふしぎな働き』講談社，2020年

谷岡一郎『「社会調査」のウソ：リサーチ・リテラシーのすすめ』文藝春秋，2000年

都筑学『大学1年生のための伝わるレポートの書き方』有斐閣，2016年

山口裕之『コピペと言われないレポートの書き方教室：3つのステップ』新曜社，2013年

第 *11* 回

アイデアを整理する

概要

1）はじめに
2）理解を深めるための視覚化
3）マインドマップの作り方
4）わかりやすいプレゼンテーション
5）演習

▶ 前回の授業では収集した情報を批判的に吟味する作業を行いましたが，今回はそれに加えて，手元に集まってきた知識とアイデアを整理する作業に取り組みます。アイデアを整理する作業は，第13-14回で取り組むプレゼンテーションの準備にもなります。

教員向け補足

1）はじめに

　皆さんは第9回から第10回の授業にかけて，自分自身の関心に沿ってさまざまな情報を集め，集めた情報を批判的に吟味する作業を行ってきました。この回では，こうして集めた情報について理解を深め，頭の中のアイデアをうまく整理する作業に取り組んでみましょう。自分で集め，理解し，まとまったアイデアを適切に整理することができると，他人の前で発表する準備としても有効です。この授業では，「マインドマップ（mind map）」と呼ばれる方法を取り上げ，資料の整理やプレゼンテーションに活用する方法を学びます。

2）理解を深めるための視覚化

　基本編の第2回では，大学での授業をノートに取るスキルを学習しましたし，第10回の授業では，クリティカルレビューの一環として資料を要約する作業を行いました。このような作業を行うと，手元に数多くのメモが蓄積されていきますが，ノートやメモについての理解を深めるため，これらを**視覚的に整理**してみましょう。

　ノートやメモは，枠線に沿って記録されていることが多いものです。視覚的に整理するとは，これを図に描いて視覚化するということです。難しく感じるかもしれませんが，やり方さえわかれば，決して難しいことではありません。

　では，どうしてノートやメモを視覚化する必要があるのでしょうか。それは，図に描くことで，すでに知っている知識を整理する（自分で再構成する）ことができる上に，その図をみることで，整理された知識の全体像をひと目で見渡すことができるからです。授業で作ったノートを視覚的な図にまとめておけば，試験などの際に効率的な復習が可能になります。参考文献を読みながら作成した多くのメモを視覚化すると，レポートを書く際に節を簡単に分けることができます。

　それだけではありません，文章は一本の線に沿ってまとまったリニア（直線的）なものですが，視覚的な整理は直線に縛られないので，自分の頭の中にある豊かなアイデアの広がりと，新しい見方や問題に気づかせてくれるのです。知識を視覚的な図に表現し，全体像を作ってみると，それまで気づかなかった疑問や，さらに探求しなければならない課題を発見することができます。皆さんも，手持ちの知識を視覚化することで，学びをより豊かなものにしてみましょう。

3) マインドマップの作り方

　ここでは，より深い理解や新たな問題発見に効果的なノートの方法として，マインドマップの書き方を紹介します。ルールはいたって簡単ですが，書き方をきちんと理解して，ある程度の練習をしておかないと，有効に使いこなすことはできないので注意してください。

マインドマップのルール
① 紙の中央にテーマとなる概念を書き込む。
② そこから放射状に線を伸ばし，関連するキーワードを書き記していく。
③ さらに，それぞれのキーワードから放射状に線を伸ばしながら，思いつく言葉を次々に記して，枝分かれさせていく。
④ その際，ペンの色を変えたり，イラストを書き入れたり，関連する言葉に線や矢印を引いたり，グループごとに囲むなど，できるだけ視覚的に効果のある図を作る。メモを書き込んでもよい。

　図 11-1 は，日本国憲法 21 条の表現の自由をめぐるさまざまなアイデアをマインドマップで描画したものです。中央には「表現の自由」と記し，そこから枝を伸ばして，ノートの中に登場するキーワードを書き，枝を広げていきます。あとは自由に矢印を引いたり，メモやイラストを入れたりしていけば出来上がりです。このような手順でマインドマップを作っていくと，テーマに関する理解や記憶をより深めることができるだけでなく，新しい課題の発見につなげていくことができます。マインドマップをマスターして，大

（左欄外）
本ガイドブックはアイデア整理の有力な手法のひとつであるマインドマップを推奨します。ただし，担当者の判断でマインドマップ以外の手法（例：KJ 法）を用いていただいても構いません。単に文章にするのとは違った方法でアイデアを整理する作業の重要性を学生に伝えてください。

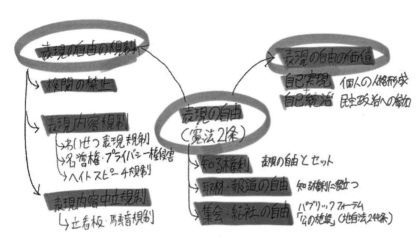

ここではマインドマップ作成
の際に色付マーカーを使用し
ていますが，授業では白黒で
も差し支えありません。

図11-1　「表現の自由」についてのマインドマップ

学での学びをより豊かなものにしていきましょう。

4）わかりやすいプレゼンテーション

　相手によく理解してもらうためには，まず頭の中で知識を整理・分類し，自分自身がよく理解することが大切です。頭の中にはさまざまな知識や情報がありますが，たいていは整理されずに雑然と存在しています。それらを，そのまま聞き手に提示しても，何も伝わりません。このようなことが起きないように，頭の中を整理しながらアイデアを練ることが大切です。

　ここでは，自己紹介のスピーチを例に，プレゼンテーションで利用するマインドマップの作り方を考えてみましょう。自己紹介では，自分についてアピールすることが目的ですから，聞いている人に強い印象を与えるようなアイデアを練ります。まず，自分に関する事柄について思いついたことを紙に書き出してみましょう。関係のなさそうなことでも，紙に書き出して，あとで整理します。自分自身についてのマインドマップを作成してみましょう。

　プレゼンテーションは，内容をよく整理して，まとまりのあるかたちで述べていく必要があります。手当たり次第に述べていくと，聞いている人は，それぞれの部分の関係がわからなくなり，混乱してしまうのです。筋道を立てて提示していくためには，思いつくままに述べるのではなく，あらかじめ内容を順番に沿って整理しておく必要があります。

　整理にあたっては，①内容上の余計な重複がなく，②話の理解のために必要な情報にもれがないように気をつける必要があります。「それぞれの内容に重なりがなく，全体をみたときに内容のもれがない（Mutually Exclusive and Collectively Exhaustive）」状態のことを，MECE（ミーシー）といいます（日

授業で展開する際は，教員自身が学生に自己紹介する目的で左のようなマインドマップを作るのもいいと思いますし，前ページの「表現の自由」（図11-1）のように，特定の分野で重要なキーワードとなる語彙を例としてマインドマップの作り方を提示するのも効果的だと思います。

また，作成したマインドマップをもとに，教員が簡単なプレゼンテーションを行ってください。

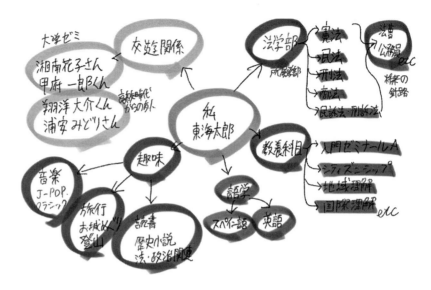

図11-2　自己紹介の一例

本語では「モレなく，ダブりなく」などといったりします）。内容を整理するときには，まずMECEになるように心がけます。

　なお，構想を練る際には，聞き手がどのような知識をもっているかに注意を払いましょう。聞き手の知識とつながりにくい情報をいくら与えても，なかなか理解につながらないからです。まず，どのような聞き手を相手にするのかを，よく考えることが大切です。

時間配分の目安は授業後半の40〜50分です。

演習で各自が作成したマインドマップは，その写真を撮らせ，第11回の課題としてOpen LMSで提出させてください。紙で提出させても構いませんが，その場合は学生の手元に記録が残るよう同様に写真を撮らせてください。配点は5点です。

マインドマップ以外の方法で授業を行う場合は，各教員で演習を工夫して実施してください。

5）演習

　第8回〜第9回の授業で皆さんが立てた「問い」にとって最も重要な言葉・概念・キーワードをひとつ選び，それを中心に書いてマインドマップを作ってみましょう。図11-1と図11-2の例のように，必ず第二階層までキーワードを記入するようにしてください。

参考文献
中澤務・森貴史・本村康哲編『知のナヴィゲーター』くろしお出版，2007年

第 *12* 回

応答を考える

概要

1）コメント力&質問力の重要性
2）適切なコメントとは何か
3）リアクションペーパーの書き方
4）コメント力から質問力へ
5）演習：映像資料をみてリアクションペーパーを作成する

▶ 本授業では，さまざまな資料（論文・書籍，映像資料など）に対して主体的に働きかけながら学んでいく姿勢を身に着け，それらに対する適切な応答（コメントや質問）を作ることを学びます。演習では各個人でリアクションペーパーを作成し，2人一組で議論します。この授業は，第13-14回授業での発表と議論の準備としての位置づけをもちます。

1）コメント力&質問力の重要性

これまでは，自分で情報を集め，精査し，アイデアを整理するという，どちらかというと能動的な作業に力を入れてきました。しかし，我々の日常生活には，人びととの会話から新しい知識を得たり，たまたま見かけたテレビや本を通じて新たな発見をしたり，受動的なきっかけで知識を得る場面がたくさんあります。このように受動的に得られた情報は，ただ漠然と見たり聞いたりしているだけでは決して自分のモノにはなりません。大切なのは，情報に対して自ら主体的に働きかけながら，追求していく姿勢です。授業においても，どんな新しいことを知ることができたのか，その情報を得たことでどんな新たな疑問が生じたのか，常に意識しながら取り組む必要があるでしょう。そのような主体的な取り組みを高めるために必要な力が，**コメント力**と**質問力**です。

2）適切なコメントとは何か

コメント力とは，他者の口頭発表や論文などに接して，どのように感じたのか，どのような点に疑問を抱いたのかを適切に伝える力です。またコメント力を身につけることは，新たな情報に主体的に関わり，自分の知識として定着させる上でも重要です。同時に，情報を提供してくれた相手や周囲の仲間たちからは，「この人からは有意義な情報が得られる」と高く評価され，

教員向け補足
授業の初めに5〜6人のグループになり，ウォーミングアップとして，それぞれの学生が前回までの授業で設定してきた「問い」について1分間ずつプレゼンテーションをすることもお勧めです。

その結果より良い人間関係を構築することにもつながります。

　それでは「適切な」コメントとはどのようなことなのでしょう。まずは読書やテレビ番組の視聴を通して，内容についてどうコメントできるかという点から始めていきましょう。

　コメント力にとってまず大事なことは，聞いている内容を適切に把握することです。ただ字面を追っているだけや，画面の上の映像を追っているだけでは内容を正確に把握することはできませんし，適切なコメントをするのは難しいでしょう。話のポイントは何か，またどのような点を強調しているのかを問いかけながら，主体的に情報を集めていく姿勢が大切です。

　ただし，コメントを行う場合には，すべての内容を反映させる必要はありません。むしろ話の中で自分が最も関心をもったことや，自分が疑問に思ったことを選び出して，その部分を取り上げながら，次の3つの点に注意しながらコメントを考えてみるとよいでしょう。

① 自分にとって新たな知識は何であったのかを明示する

　相手の情報を聞くことで，必ず新たに手に入れた情報が少なくともひとつはあるはずです。全く初めて耳にする言葉や内容という場合もあれば，それまで抱いていた知識やイメージとは異なる情報を知るという場合もあるかもしれません。自分にとって何が新たな情報だったのかを示すことで，その分野についての自分の知識を再確認し，今後深めていく上での出発点を確立することにもつながるのです。

② 話の内容と自分の経験との関連・対照

　話の内容に関して，自分のこれまでの経験の中で，同じような状況であったことや他者から聞いた話などに照らし合わせてみることは，コメント力をつける上で最初にやるべきでしょう。「高校時代の部活動のときには，大会前の練習ではこんな方法をとっていましたが……」「実はこんな失敗をしたことがあり……」など自分の経験を引き合いにすると，コメントもしやすくなります。

③ 相手の情報を聞いて抱いた新たな疑問や自分の意見の提示

　新たに入手した情報を通じて，それまでもっていた自分の情報との違いに気づくことも多いでしょう。また今回の情報を得ることで生まれた新たな疑問というのもあるかもしれません。そうした疑問を投げかけることは建設的な議論につながり，大変有意義なコメントになります。また，それまで自分がもっていた考えと合わせながら，新たな自分の意見を作り上げ，それを提起してみるというのもいいでしょう。

　一方で，コメントをするときに重要なのは，相手に対する敬意を示すこと

授業に出ているだけでは主体的に学んでいることではなく，授業に臨むときは（心の中でよいので）主体的にコメントをしながら授業を聞く姿勢をもつことを推奨してください。

ここでは①〜③の3つのポイントを提示していますが，ほかにも重要なポイントがあると思います。各自の判断で適宜入れてください。

です。情報を提供してくれたことについて、感謝の意を示すことは当然です。中には内容に関して事実誤認があったり、論理的な矛盾点が見つかる発表に出くわすかもしれません。その時、ただ相手にそのことを指摘し、厳しく非難するというのは望ましい態度ではありません。相手の問題点を指摘するにしても、どのような点に関して検討が必要なのか、またどのように改良すればより生産的な結果につながるかなど、相手のためになることを念頭に置きながらコメントすることを忘れてはいけません。

コメント力を鍛える方法として、ただ頭の中で考えているだけではなく、①～③のポイントを踏まえながら、実際に文字化してみることもお勧めです。授業のみならず、ゼミやサークルでの会議や日頃の読書やテレビ番組をみるときも意識してメモを取り、コメントを書いてみるなど主体的に取り組んでみましょう。さらに、ニュースの解説員やコメンテーターの話し方や使っている言葉にも注意し、優れたコメンテーターの発言は書き残して、自分でも真似をすることが、コメント力を向上させる早道ともいえます。

3) リアクションペーパーの書き方

コメント力をつけていく方法として、実際にリアクションペーパーを書いてみましょう。リアクションペーパーは、授業の内容や相手の話、読書や映像資料の内容を理解していることを示すと同時に、どのくらい主体的に取り組んでいたかを示す意味で重要です。リアクションペーパーを記述する場合に必要なのは、① どの点について（論点の提示）、② どのように考えたか（自分の主張・意見）、③ そう考えた理由は何か（自分の主張を支える理由・根拠）、を明確に示すことです。たとえば、授業に対するリアクションペーパーとして、ある学生から次のようなペーパーが提出されたとします。どのように評価しますか。

> 今日の授業でツバルという国の話を聞いた。「温暖化でツバルが沈む」といわれているそうだが、授業ではそうとはいえないと話していた。でもお金がない国らしく、環境破壊が問題になっているそうだ。かわいそうだから、日本は経済支援をして助けてあげるべきだと思う。大変興味深い授業だった。

このリアクションペーパーでは、一応授業の内容は記されているものの、ただ内容を羅列し感想を述べているだけに過ぎません。自分の意見を論理的に示しているわけではないので、高い評価を得るのは難しいでしょう。

次にリアクションペーパーの書き方のフォーマットに基づき、2）の①～③の適切な意見につなげるポイントを踏まえて書いたとき、以下のよう

本書では「リアクションペーパー」と呼んでいますが、「ミニッツペーパー」などほかの呼び方もあります。

教員が提示するリアクションペーパーの事例は、以下の点に注意してください。
① リアクションペーパーの事例は、各教員が自分の過去の授業などで学生から提出されたものを利用してください。
② リアクションペーパーの事例を提示する際は、その授業や講義などの概要を説明してください。
③ 最初のリアクションペーパーのどの点に問題があると感じたかグループ内で話し合う時間をとってもよいでしょう。

になります。

> 　私は本日の授業に関して，ツバルで起きている浸水現象と気候変動問題との関係について関心をもった。高校時代に社会の授業で，地球温暖化の影響で，ツバルでは地面から水が湧き出ている写真をみせてもらったことがあり，近い将来沈んでしまうんだと心配したことがある。しかし，本日の授業では，ツバルで起きている浸水現象は，必ずしも気候変動による海面上昇の影響とは限らないことを学んだ。一方で，なぜツバルの人びとは温暖化問題を強く主張し，先進国に支援を求めるのか改めて疑問に思った。これについて授業ではツバルの国家財政は厳しく，上下水道などの整備も進まず，環境破壊が深刻化していることも学んだ。このことから，同じ太平洋を共有する仲間として，私は日本政府がツバルの社会インフラ整備に対して積極的に支援すべきであると考える。途上国に対する日本の責任を考えさせてくれた授業だった。

　前のペーパーと比べると，主体的に授業に取り組んでいたことが理解できると思います。

4) コメント力から質問力へ

　リアクションペーパーを書くことを通じて，情報に対して主体的に応答する力は向上してきたと思います。このコメント力を実際にゼミやシンポジウムなどでの質疑応答につなげて，質問する力を身につけていくことが重要です。質問力を高めることで，会議などでの生産的な議論が進められたり，極めて重要な情報をもっている人物にインタビューをして新たな情報を入手するなどの効果も期待されます。

　リアクションペーパーと会議などでの質疑応答の違いは何でしょう。ひとつは，即時性です。リアクションペーパーに書く場合は，提出までに推敲をする時間がありますが，質疑応答の場合は時間も限られています。内容をすぐに把握し，即座に質問をしなくてはなりません。そのため，日ごろから質問をするための自分なりのフォーマットを準備しておくと便利です。

　また，リアクションペーパーの場合は，通常ペーパーを書く自分（質問者）とそれを読む教員（読者）の関係しかありません（後日優れたペーパーを他者の前で発表する場合は除く）。しかし，質疑応答の場合は，質問者と回答者に加えて，周囲で聞いている人びとも登場してきます。質問をしたことに対して，周囲の人が好意的な反応をしたり，追加の質問などのアシストをすると，会議自体の雰囲気も良くなり，更なる議論の発展にもつながります。質問という行為は，質問する人とされる人，そして周りの聴衆との関係で作り上げられていくことを忘れないでください。

5）演習：映像資料をみてリアクションペーパーを作成する

⑴ 10 〜 15 分の社会問題などに関する番組を視聴します。番組のポイント
　についてメモを取るなど主体的に視聴してください。

⑵ 視聴した番組の内容についてのリアクションペーパーを作成します。（作
　成前に下記のポイントを確認しておいてください。）

【適切なコメントを引き出すためのポイント】←これらのポイントを意識し
ながら番組を視聴してください。

① 新たな知識・考え方を把握したことについての明示

② 話の内容と自分の経験との関連・対照

③ 相手の情報を聞いて抱いた新たな疑問や自分の意見の提示

【リアクションペーパーを書いていくときの形式】
　① 論点の提示／ ② 自分の主張・意見／ ③ 自分の主張を支える理由・根
拠

⑶ リアクションペーパーを使った相互コメントの実施

　　執筆したリアクションペーパーを隣の席の学生と交換し，相手のペー
　パーの内容についてコメントをします。コメントする学生は，リアクシ
　ョンペーパーの下のコメント欄に，自分の名前と，リアクションペーパ
　ーの内容の良い点を評価すると同時に，記述内容に関する疑問点などを
　書きましょう。コメントを書いてもらったら再びペーパーを交換し，質
　問された疑問点について相手に口頭で回答すると同時に，その回答を自
　分のペーパーのコメント欄に追記しましょう。授業終了時にリアクショ
　ンペーパーを課題として提出してください。

参考文献
　世界思想社編集部編『大学生　学びのハンドブック（5 訂版）』世界思想社，
　2021 年

時間配分の目安として，授業後半約 50 分を演習に使ってください（細かな配分は各自の判断に委ねますが，演習 ⑴ の視聴時間が 10 分，⑵ の課題作成に 20 分，⑶ の相互コメントの作成に 15 〜 20 分の時間を確保してください）。

お勧めの番組としては，NHK の「視点・論点」「時論公論」（約 10 分間で時事問題などを NHK 解説委員などが的確に解説した番組）などがあります。教員の専門分野の番組を選択するのもよいでしょう。

演習 ⑵ および ⑶ のリアクションペーパーを第 12 回授業の課題として授業終了時に提出させてください。

第 *13* 回

発表と議論を行う ①

概要

> 1）プレゼンテーションとは何か：アカデミック・スキルの総力戦
> 2）優れたプレゼンテーションとディスカッションとは？
> 3）プレゼンテーション資料の作成：準備の重要性
> 4）演習：プレゼンテーション用骨子案（シナリオ）の作成
> 5）宿題：A4用紙1枚ルールによる次回プレゼンテーション用資料の準備
>
> ▶ 本授業は，次回の授業と合わせてグループ内での発表および議論を実施します。第13回は発表の準備として，レポートと発表の違いを確認し，よりよい発表をするための手持ち資料作りなどの準備を行います。演習では，次回授業にむけての現時点での発表骨子案（シナリオ）を作成します。また次回までの宿題として，プレゼンテーションのための資料の準備をしてきてもらいます。

1）プレゼンテーションとは何か：アカデミック・スキルの総力戦

入門ゼミナールの最後の2回は，発表（プレゼンテーション）と議論（ディスカッション）の実践です。ここでは，これまで学んだスキルを復習した上で，その知識を利用して自分の関心のあるテーマを周りのメンバーに伝える技術と，他のメンバーが関心をもったテーマをより深く充実した内容にしていくためのアドバイスや質問をするディスカッションについて学びます。

ここまで皆さんは，問いを立てて，情報を収集し，論理的に文章にまとめるというスキルを学んできました。プレゼンテーションはこうして作り上げてきた考えを周囲の仲間に伝えるという技術です。文章にまとめるところまでは十分な情報を収集しているか，論理的に矛盾点がないかなどを確認することが必要でした。これに対して，プレゼンテーションでは，周囲の聴衆に対していかに適切にわかりやすく伝えることができるかがポイントになります。どれだけ多くの情報をもち，論理的に正しく述べたとしても，聴衆が関心をもち，内容を正しく理解できないようでは優れたプレゼンテーションにはなりません。良いプレゼンテーションを行うためには，それまでの準備と当日のふるまい方（パフォーマンス）が重要となってくるのです。

一方で，発表者がどれほどきちんと準備をし，わかりやすいプレゼンテーションを行ったとしても，実は優れたディスカッションにはなりません。プレゼンテーションを聞いて，その情報をもとに参加した聴衆が質問やコメントを投げかけて，より有益な情報の交換が行われなくてはなりません。すな

教員向け補足
プレゼンテーションのイメージを学生たちにイメージしてもらう目的で，授業の最初に「あなたが考えるプレゼンテーションの上手な有名人は誰か（またその理由は？）」などを尋ねてみることもよいでしょう。

第13回と14回は合わせてプレゼンテーションの学習と位置付けています。ただし，第13回を発表に向けた準備の授業，第14回を各自の発表およびそれを利用した議論を学ぶ授業と2つに分けて授業を展開しても構いません。

表13-1 コミュニケーションの視点からみたレポートとプレゼンテーションの相違点

	レポート	プレゼンテーション
コミュニケーションの媒体（どのような伝達手段を使って内容を伝えるのか）	文字，図，表など	映像（文字，グラフ，写真，動画）と音響（声，音楽など）→マルチメディア
コミュニケーションの形態（発表者と読者（聴衆）の関係は？）	発表者側の意見を一方的に伝える	インタラクティブ（質疑応答を通じた）
（発表の）時間的制約（聴衆は内容を理解するのに，いつでも，何時間かけても大丈夫か？）	なし（著者の考えを理解するために，何度も読み直すことができる。）	あり（通常プレゼンテーションが行われる場にいかないと聞けない。発表の時間は通常決まっている。）
正確な再現性（もう一度全く同じ形での情報伝達を再現することができるか）	可能（発表された論文はいつでも読み返すことができる。）	可能性が幾分低い（録画などすれば可能）

わち，ディスカッションにおいては，プレゼンテーションで投げかけられた議題に対して，参加者が主体的に参加し，自分の意見を伝えることが重要となります。

　このようにプレゼンテーションとディスカッションは，参加した発表者と聴衆が積極的に情報交換（コミュニケーション）し合う姿勢が重要です。プレゼンテーションとディスカッションはこれまで学んできた知識を十分に理解し，学んできたさまざまな技術を駆使しながら行われる，アカデミック・スキル総力戦といえるでしょう。

2) 優れたプレゼンテーションとディスカッションとは？

プレゼントの事例をあげて説明する場合に，相手のことを思い描くことの重要性を理解させるため，「両親（祖父母）」「幼稚園児」「お世話になった先輩」「恋人」などを事例にして学生内で議論することも効果的です。

素晴らしいプレゼンテーションの具体例として You Tube 上の TED や NHK の「スーパープレゼンテーション」などをみせながら，グループ内でどの点が優れているかを意見交換させるのも効果的です。

　まず優れたプレゼンテーションとはどんなものなのでしょう。それを考える上でのヒントは「プレゼンテーション（Presentation）」という言葉の中に隠れています。この言葉の中に皆さんが聞き覚えのある言葉がありませんか。プレゼント（Present：贈り物）です。皆さんにとって良い贈り物とはどんなものでしょう。送る相手がお年寄りと子どもとでは当然違ってくるのではないでしょうか。良いプレゼントは送る相手によって変わってくるのです。

　プレゼンテーションも同じです。プレゼンテーションは言葉を使った情報のプレゼントです。聴衆にとって有益か，聴衆が喜ぶか，といったことを重視しなければなりません。つまり聞き手である聴衆がどんな人なのかを知り，それに合わせてプレゼンテーションを作り上げていくことが重要となります。聞いている聴衆に対して，理解しやすく有益な情報を提供できるかを常に考えながらプレゼンテーションを行うことが大事なのです。

　さて，プレゼントをもらったら皆さんは喜びますよね。まず送ってくれた

聴衆＝貰い手　　　発表者＝送り主

図 13-1　ディスカッション：プレゼント（発表）を媒体としたコミュニケーション

相手に感謝をするはずです。また自分もお返しをしたいと思うのではないでしょうか。プレゼンテーションにおけるお返しとは何でしょう。この場合，発表した内容をより良いものにするためのアドバイスやコメントなどの議論をすることではないでしょうか。このようにプレゼンテーションを媒体とし，発表者と聴衆で作り上げるコミュニケーションの場がディスカッションといえるでしょう。プレゼンテーションをしたときには，聴衆は発表者に敬意を表し，より有益なものとなるように生産的な意見や質問をすることが重要です。相手の意見をさえぎり，自分の意見を延々と述べるような行為は，ディスカッションとは全く異なるものであると肝に銘じておいてください。

3）プレゼンテーション資料の作成：準備の重要性

　プレゼンテーションを成功させるためには，十分な準備をする必要があります。プレゼンテーションが上手だといわれる企業のリーダーや研究者たちは，たとえ短いスピーチであっても原稿を用意し，本番に向けて綿密な準備を行います。それでは，優れたプレゼンテーションをするためにはどんなことを念頭において準備をするべきなのでしょう。

　プレゼンテーションの場合，最初に考えなくてはならないことは，どんな場面や状況の中で実施するのかということを認識することです。中でも，自分のプレゼンテーションに参加している聴衆がどんな人たちなのか知ることはとても大事であり，それにより伝え方も変わってきます。ある専門分野の学会で発表する場合と，大学 1 年生の授業での発表とでは当然伝え方も異なってきます。発表者は自分のプレゼンテーションを聞いている聴衆の知識やニーズのレベルに合わせて，発表内容を仕上げていく必要があるのです。発表者は，聴き手がどのような予備知識をもっているか，どのような問題に関心をもっているのかを把握して，一度の発表で聴き手が理解できるようにわかりやすく伝えることを心がける必要があるでしょう。

　聴衆を把握した上で次に重要となるのは，発表のアウトラインを作っていくことです。アウトラインのフォーマットとして，以下のポイント（アジェンダ）を押さえておきましょう。

- 研究の背景と目的（第8回参照）
- 先行研究のまとめ（第9・10回参照）
- 「問いかけ」のための資料やデータの調査・分析（第11・第12回）
- 考察（調査・分析を通じて導き出した自分の意見）
- まとめ

　発表本番では上記のアウトラインに沿って話していけばよいのですが，誰でも最初は緊張してしまいます。その対策として，レポートや論文の作成した時と同様に，プレゼンテーションで話す内容についてまとめた発表原稿を作成するとよいでしょう。作成した発表原稿を手許資料として持参しておけば，落ち着いて発表に臨めると思います。

　ただし，発表原稿を確認する場合は，レポートや論文の場合と異なる重要ポイントもあります。聴衆に対してわかりやすい言葉や内容で伝えるものとなっているかという点が大事です。発表者は，「聴衆側にとって話している内容を理解することは難しい」という前提に立ち，聴き手が内容を把握し納得してくれるように，理解しやすい伝え方を心がけるべきなのです。

　プレゼンテーションの際の話し方も大事なポイントのひとつです。話し方に抑揚をつけ，大切なところはゆっくりと相手の表情を確認しながら話すことも大切です。同音異義語（「交渉」と「考証」など）が多い漢語は，和語に置き換えることも良いでしょう。専門用語を不必要に使用することは控えるべきです。文章に関しても一文の長さはなるべく短くすることを心がけましょう。

　聴衆の理解を助けるものとして，手許資料（レジュメ）やパワーポイントで作成したスライドなどの視覚補助資料を準備することも大切です。スライドを作成する場合は，最初に発表内容の骨子となるアジェンダ（目次）を提示することをお勧めします。プレゼンテーション全体の設計図でもあるアジェンダを最初に示すことで，発表者はアジェンダに沿ってぶれずにスライドを作成でき，発表を行えます。聴衆側もそのアジェンダが発表全体の見取り図となり，発表を理解しやすくなるはずです。重要ポイントをわかりやすく明示する（箇条書きでの列挙など）ことも有意義です。小さな文字で埋め尽くしたスライドは聴衆にとっては理解しづらく避けた方が無難です。

　プレゼンテーションの発表原稿や視覚補助資料の準備ができたら，必ず一度は予行練習を行ってください。その際，最初は発表原稿を読みあげるのでも構いませんが，できれば原稿は本番までにしっかり読み込んでおき，本番

手許資料を作る上で，第7回で提出したレポートを利用して，手許資料の骨子づくりを経験させるのも効果的です。発表原稿を作成する際は，① 問いと結論が一致しているか，② 結論を導く上で適切で十分な事例を有しているかといった内容に加え，③ 事例の列挙のみで，問いや結論がきちんと述べられているか，といったポイントを確認してください。

視覚補助資料については，パワーポイントなどを利用したり，模造紙に記載するなどさまざまな方法があります。同資料の作成の有無や方法は，学生のITリテラシーなどを考慮する必要があるので，教員の裁量に任せます。

研究分野によっては，読み上げ資料を綿密に準備して，それを見ながら発表するという場合もある旨は指摘してお

図13-2　プレゼンテーション＝舞台演劇
※聴衆を魅了するパフォーマンスができるか

では発表原稿から目を離し，聴衆の方を見ながら発表を行うように努力しましょう。原稿はあくまでも台本です。皆さんはプレゼンテーションという舞台に立つ俳優として，是非聴衆を魅了するパフォーマンスを演じてください。

てください。

4）演習：プレゼンテーション用骨子案（シナリオ）の作成

第8回の授業から深めてきた各自のテーマについて，次回の授業で1人5分ずつプレゼンテーションを実施します。そのための準備として，自分が関心をもっているテーマについて発表するための骨子案（シナリオ）を作成します。その際下記の点を注意してください。

a）最初に発表のアウトラインを構成するアジェンダ（目次）を作成します。アジェンダを作る上で必要な発表の展開などについては，3）で学んだことを利用してください。

b）各アジェンダのポイントを簡単に記載していきます。シナリオはあくまでも発表のアウトラインです。読み上げ資料ではありません。発表する上でのポイントは箇条書きにして書き込んでください。

c）シナリオは授業終了後に課題として提出してください。

授業時間の目安として，後半50分間で，シナリオ作りを行います。シナリオが早めに出来上がった学生に対しては，残りの時間で宿題とする発表用の視覚補助資料作りを進めさせておいてください。

演習のシナリオ作成を第13回授業の課題として授業終了時に提出させてください。

5）宿題:A4用紙1枚ルールによる次回プレゼンテーション用資料の準備

次回授業ではプレゼンテーションを行います。そのための視覚補助資料を準備してもらいます。次の点に注意して次回授業までに準備してきてください。（準備した資料は次回授業の最後に課題として提出してもらいます。）

a）資料はA4用紙1枚で提出してもらいます。形式は原則として任意です。手書きでも印刷でも構いませんが，2枚以上提出することはできません。工夫してA4用紙1枚に収まるようにしてください。具体的には

宿題は次回授業（プレゼンテーション）で不可欠なので，必ず作成し持参するよう指摘してください。

A4用紙1枚ルールは課題での採点で統一性を保つために設定したものにすぎません。学部や学科によってデバイスや条件などで縛りをかけても構いません。

学問分野によっては発表原稿を見ながら確実に読み上げる形式の発表を推奨するところもあります。

A4用紙1枚ということで，裏面まで準備資料の内容を書き込んだり，裏紙に印刷してきたりしないように注意してください。

以下のような形が考えられます。

▶　A4用紙1枚に当日の発表原稿（読み上げ資料）を記載する

▶　パワーポイントでの場合：A4用紙にパワーポイントのスライドをプリントアウトする（A4用紙に印刷できるスライドは通常最大で9枚）

▶　発表で使う絵や図表を記した模造紙をA4用紙に縮小したものも可（本番はA4よりも大きな資料で見せても構いません）。

b）読み上げ資料を提出するのは構いませんが，本番ではできるだけ文章を読み上げるのではなく，自分の言葉で聴衆に語り掛けるようなパフォーマンスができるよう，予行演習をしておきましょう。

c）提出するA4用紙で使用できるのは表面だけです。裏面は次週コメントを記載するなどで利用するため，白紙のままにしておいてください。

d）発表で使うデバイス（パソコンなど）は自分で準備してください。

第 14 回

発表と議論を行う ②

概要

1）プレゼンテーションにむけての確認事項（アカデミック・スキルのまとめ）
2）ディスカッションのルール：「有意義なディスカッションは聴衆が作る」
3）演習：グループ・ディスカッションの実践
4）最終課題の提出：発表と議論の自己評価レポート

- -

▶ 第14回授業は自分の関心テーマについての発表とそれを下にしたグループ・ディスカッション
です。これまで学んだアカデミック・スキルを復習し，それを活用して発表と議論を行います。
最後に自分のグループで行われた発表と議論の実践についての自己評価をレポートとしてまと
め，最終課題として提出してもらいます。

1）プレゼンテーションにむけての確認事項
（アカデミック・スキルのまとめ）

入門ゼミナールの最終回に当たる第14回授業は，皆さんが関心をもって
テーマについてのプレゼンテーションと，それをもとにしたグループ・ディ
スカッションを行います。すなわち，これまで皆さんが学んできたアカデミ
ック・スキルをもう一度確認しながら，習得してきた知識や技術を活用して
大学生として相応しいプレゼンテーションを実践していきましょう。

「第一部　大学での学びの基本」では，与えられたテーマをもとにレポー
トの作成を行ってきました。ノートの取り方や図書館の利用方法に始まり，
入手した資料の読み込みや分析を行ってきました。また，「第二部　大学で
の学び・応用」では各自の関心をもったテーマを研究へとつなげていくため
に必要な知識や技術を習得していきました。自分の興味を研究へと昇華させ
るにふさわしい「問い」を立てることから始まり，そのために必要な先行研
究や資料などの情報を見つけ，精査し，マインドマップなどを利用してアイ
デアを整理していきました。一方で，映像資料などを利用してコメント力や
質問力を高める主体的な学びを実践しながら，自分の関心テーマをプレゼン
テーションという形で表現する段階にまで来たわけです。このように振り返
ると，さまざまな知識や技術を学んだことを改めて思い出したのではないで
しょうか。

これらの技術はレポートの作成やプレゼンテーションの実践にとって不可
欠の能力です。それとともに，これらアカデミック・スキルは今後皆さんが

教員向け補足
本授業はこれまで取得してき
たアカデミック・スキルを振
り返り，自分たちが大学一年
生として学ぶべき能力を身に
着けていることを確認させ，
自信をもって大学での研究生
活に進んでいけることを認識
させてあげましょう。

アカデミック・スキルを学ん
でおくと自分の専門分野の研
究手法や分析で有益であった
事例を自分の研究事例に合わ
せて紹介することも効果的で
す（例：「ノートの取り方」
や「応答を考える」で得た技
術がフィールドワークでのイ
ンタビューや参与観察で活か
されたことなど）

　学んでいくより専門的な研究アプローチの方法論や分析方法を学ぶための基礎作りでもあります。たとえば，授業で教員が話した内容を簡潔にまとめるということは，人文・社会科学系の研究では重要な研究方法であるインタビューの方法論につながっていきます。このようにアカデミック・スキルをしっかりと身につけることが，皆さんにとって今後の大学での研究生活を有意義なものにしてくれるのです。

　このあと皆さんはグループに分かれて，自分の関心テーマについての発表を行います。前回の授業で作成した発表の骨子案（シナリオ）をもとに，視覚補助資料などの準備も進めてきたことでしょう。ここでもう一度プレゼンテーションを行う上で，以下の点を確認しておきましょう。

① 発表全体の構成（アウトライン）の確認

　レポートの作成や前回の授業でも指摘しましたが，一般的な発表全体の構成を踏まえておくと，発表がしやすく，準備を進めやすいという発表者にとってメリットがあるばかりではなく，聞き手にとっても内容を理解しやすいというメリットがあります。もう一度以下の点が踏まえてあるかを確認しておきましょう。

> ・研究の背景と目的（第8回参照）
> ・先行研究のまとめ（第9・10回参照）
> ・「問いかけ」のための資料やデータの調査・分析（第11・第12回）
> ・考察（調査・分析を通じて導き出した自分の意見）
> ・まとめ

② 聴衆を意識したプレゼンテーションの準備

　前回授業で学んだとおり，何度も読み返すことができるレポートと異なり，プレゼンテーションは限られた時間の中で話さなくてはなりません。そのため聞き手を意識して相手が理解しやすいように発表を行うことを心がけましょう。話す速さや使う言葉の選択はもちろん，視覚補助資料の文字の大きさなどにも配慮が必要です。プレゼンテーションは言葉を使った聞き手への「プレゼント」であることを思い出しましょう。

③ 「社会人」としての常識を踏まえた行動

　自分の関心テーマを参加者に説明し，聞いてもらうということは参加者の大切な時間をもらっていることを忘れてはいけません。プレゼンテーションを行う場合，当然大学生として社会常識を踏まえた行動をとることは当然です。服装の乱れや不適切な姿勢・態度などは論外です。また発表時間の管理も重要です。制限時間を守るということは社会人にとっての最低限度のルールであることを意識しておきましょう。

2) ディスカッションのルール：「有意義なディスカッションは聴衆が作る」

　プレゼンテーションにむけて資料の準備も終わり，発表者としての心構えも確認しました。しかし，良いプレゼンテーションを作り出す上でもうひとつ大事なことがあります。それは聴衆として参加するときのふるまい方です。とりわけ重要なのは，他のメンバーの発表に対して積極的に質問をして，議論に参加することです。優れたプレゼンテーションにとっては，発表者が論理的に構築された充実した内容の発表を，聴衆に対してわかりやすく説明することは重要です。さらに，プレゼンテーションをより充実したものにするためには，聴衆の積極的な参加も不可欠です。発表者に質問をするためには，発表を注意深く聞く必要があり，その結果，より深く発表内容を理解することができます。また聴衆が質問をすることで，発表者も自分の発表の課題や新たな問いを作り出すことにつながります。

　それでは質疑応答をする上で重要なことは何でしょう。もちろん発表の内容に注意深く耳を傾けることは重要です。そして，発表に対して常に疑問をもつことは大切です。しかし，多くの場合，質疑応答が盛り上がらない理由は発表内容とは別のところにあります。初学者にとって大きな障壁となっているのは，「こんな質問をしても恥ずかしくはないか」というような羞恥心です。実は多くの聴衆が同じような不安をもっています。質疑応答に参加することは，決して恥ずかしいことではありません。発表者や他の聴衆のことを考え，有意義なディスカッションの場を作ろうと努力している，勇気ある立派な行為なのです。むしろ質問をしないことの方が，発表者に対して敬意を逸した失礼なこと（プレゼントをもらったのにお礼もいわず，お返しもしないのと同じ）なのです。

　とはいえ，質問をする場合に，ある程度のパターンは存在します。最初のうちは，以下の３つのパターンに当てはめてチャレンジしてみるのもよいでしょう。

① 「発表で使われた語句の意味や内容に関する問い」（例「○○とは何か」）
② 「発表内容の真偽についての問い」（例「発表の中で，○○といっていたが，そのことは本当か？　なぜ正しいといえるのか」）
③ 「発表内容の理由の適確さについての問い」（例「発表の中で，○○という理由を述べていたが，それ以外には考えられないのか」）

　発表者も質問者も最初は緊張したり，恥ずかしく感じるかもしれません。しかしプレゼンテーションとディスカッションは参加者全員で作り上げてい

大学生は人前で質問をする行為に強い抵抗感を覚えます。質問をした行為を評価することが大事です。むしろ周囲の聴衆たちが質問をした人を積極的に評価する雰囲気づくりを促すようにしましょう。

くものです。発表というプレゼント交換を通じた有意義で楽しい時間を過ごすためにも，積極的に参加することの重要性は決して忘れないでください。

3）演習：グループ・ディスカッションの実践

　以下の流れで，グループ・ディスカッションを実践していきましょう。

a）5～6人のグループを作ります。グループに分かれたら，①司会と②時間係を決定してください。他のメンバーは発表の際に積極的に質問を行うようにしましょう。

b）準備ができたら，以下の手順でプレゼンテーションを開始します。

　①　司会者による発表者の紹介の後，発表者は発表をはじめます。

　②　制限時間は5分で，時間係は1分前（1鈴），30秒前（2鈴），5分ちょうど（3鈴）を鳴らしてください。

　③　発表後，次の発表の順番の人が代表してコメントと質問をします（必ず質問を作り出すこと）。発表者は簡潔に回答してください。

　④　代表質問の後，司会と時間係以外のメンバーが質問をしてください。

　⑤　質問の終了後，司会者はメンバーに発表者への拍手を促すこと。

c）発表終了後，どの発表者のプレゼンテーションが印象に残ったか意見交換をしてみましょう。

4）最終課題の提出：発表と議論の自己評価レポート

　グループでの議論を踏まえて，プレゼンテーションおよびディスカッションについて，次の点をまとめ，授業時間内に提出させてください。

a）プレゼンテーション資料（表面）

b）プレゼンテーションをしてみて，自分の発表でうまくいった点と改善が必要だと思う点（裏面の上段・他のメンバーのコメントを参考にしてまとめてください）。

c）グループメンバーの発表で最も印象に残った発表と，具体的に良かった点（裏面の下段を使ってまとめてください）。

参考文献
　大出敦編『プレゼンテーション入門：学生のためのプレゼン上達術』慶應義塾大学出版会，2020年
　佐藤望編著『アカデミック・スキルズ（第3版）：大学生のための知的技法入門』慶應義塾大学出版会，2020年

時間配分の目安として，a）とb）で約20分です。c）の演習は60分程度と考えています。残りの時間で，最終課題の裏面の評価の執筆をさせてください。

ベルがない場合は「1分前」などと書いた紙をみせる方法で代用してください。

あとがき

　本書は 2022 年度から東海大学で新たに始まった新入生向け教養科目「入門ゼミナール A」の教科書として編集したものです。それ以前のカリキュラムでは，文理融合型の知識や，必要最小限の分野別の知識をもとに編成した授業が教養科目の中心でしたが，2022 年度カリキュラムからはアカデミック・スキルを中心とした編成に切り替えました。大きな理由は，すべての学部で教育すべき「知のスタンダード」をもとに教養科目を編成するという従来型の発想が通用しにくくなったことにあります。

　しばらく前から「VUCA 時代」という言葉がよく聞かれるようになりました。ご存知の通り，「Volatility（変動性）」「Uncertainty（不確実性）」「Complexity（複雑性）」「Ambiguity（曖昧性）」の頭文字を取ったものです。変化の幅が大きく，しかも複雑な仕方で急速に変わる現代社会を表す言葉です。こうした社会では，そこに生きる人々が習得すべき知識それ自体もどんどん変化していきます。極端な言い方をすれば，昨年学んだ知識が今年はすでに古くなっているという事態も起こりえます。

　だとすれば，大学の教養科目でも，古典的な知識を教えればそれで十分ということにはならないでしょう。また，すぐに更新される必要がある近年の知識を教えるのでもダメということになりそうです。むしろ，大学を卒業しても役立つような「知識との付き合い方」を伝える必要があります。学生自身が生きていく上で必要な知識を自ら探索し，自分なりに解釈して吸収し，さらには特定の問題意識のもとで知識を編集して発信できるようなスキルです。こうしたスキルを大学新入生の時点で身につければ，大学 4 年間だけでなく，大学卒業後も VUCA な現代社会を生き延びることができるのではないでしょうか。

　大学で教える者の大半は，単に教員であるだけでなく，アカデミックな知識の世界で生き抜いてきた研究者でもあります。ですから，「知識との付き合い方」としてのアカデミック・スキルを全員が何らかの仕方で保持しています。本書は，教員自身がしばしば暗黙知として保持しているアカデミック・スキルの一端を見える化し，大学新入生でも順を追って着実に習得できるよう編成したものです。ひとりでも多くの学生と教員に本書を手に取ってもらうことができれば，編者としても幸いです。

　2023 年 1 月末日

編者　田中　彰吾

入門ゼミナール　初めて学ぶアカデミック・スキル

2023年3月10日　第1版第1刷発行

編著者　大　江　一　平
　　　　黒　崎　岳　大
　　　　田　中　彰　吾

発行者　田　中　千津子

発行所　株式会社　学　文　社

郵便番号 153-0064　東京都目黒区下目黒 3-6-1
電話（03）3715-1501（代表）　振替 00130-9-98842
https://www.gakubunsha.com

落丁・乱丁本は，本社にてお取り替えします。印刷／株式会社亨有堂印刷所
定価は，カバーに表示してあります。〈検印省略〉

©2023 Ooe Ippei, Kurosaki Takehiro and Tanaka Shogo
Printed in Japan

ISBN 978-4-7620-3225-7